# ¡Tú eres el Gerente de tu vida!

## 6 claves para encontrar el equilibrio en tu vida

# PRÓLOGO 1:

Este libro ha sido escrito por un profesional en la materia más difícil de la vida, SER FELIZ, alcanzar objetivos y metas de vida; y aunque aún le queda mucho por andar es un hombre, que tras 17 años formando personas para facilitarles el camino hacia el desarrollo de su potencial y su talento, ha decidido dejar un legado escrito sobre el método que ha conseguido que él mismo llegara al lugar exacto donde quería estar: poder dedicarse con éxito profesional a lo que le apasiona, enseñando todo lo que sabe sin apartarse ni un minuto de su familia y alcanzando la abundancia personal que deseaba.

En las páginas de este libro vas a encontrar este método, este REGALO que te va a ayudar a descubrir cómo ser el líder de tus sueños para conseguir alcanzar las metas que quieras. Solo necesitas un empujoncito, una motivación que te llene y te impulse a definir lo que quieres y conseguir determinar qué herramientas hay dentro de ti para conseguirlo.

El autoconocimiento no es una tarea sencilla y siempre es mejor ir de la mano de alguien que sepa cómo guiarnos en el camino de la valoración interna que debemos hacernos para conocer nuestras emociones, nuestros bloqueos, lo que en realidad deseamos y cómo evitar que el miedo al fracaso nos paralice, porque estos son algunos de los peores enemigos de cualquiera que desee emprender un negocio o simplemente su destino.

Por eso el autor de este libro ha decidido redactarlo como un manual de instrucciones, para que no desistas y vayas paso a paso respondiendo preguntas y haciendo pequeños ejercicios de introspección que te ayudarán a comprender cómo encontrar el líder que llevas dentro y que va a permitirte ser tu propio jefe o el timón de tu equipo.

Un libro que no debes perderte es sencillo, ameno y te brindará la oportunidad de liberarte de esa pesada carga que has ido acumulando tras muchos años sin saber que tú eres el dueño de tu libertad.

*Vanesa Costa Magariños (autora del blog ¡Pon a prueba tus neuronas!*

# PRÓLOGO 2:

Este libro abarca temas necesarios para cualquier Emprendedor, tanto si lo que deseas es emprender un negocio como si has decidido dejar de vivir como un autómata y tomar las riendas de tu día a día, lo necesitarás para guiarte en la consecución de tus objetivos profesionales y personales.

Para facilitarte el trabajo el autor ha decidido escribirlo a modo de manual así que no necesitarás invertir demasiado tiempo en realizar los ejercicios que te propone y que te llevarán a conseguir el éxito que te has propuesto tener. En cada capítulo tendrás que reflexionar sobre ti mismo y tus ideas y dedicarte unos minutos para ponerlas en el orden correcto. No necesitarás hacer profundas investigaciones porque descubrirás que todo está dentro de ti.

Ya sabemos que alguna vez todos nos hemos sentido abrumados con la cantidad ingente de información que procesamos en tan solo unas horas, cuando intentamos entendernos y poner en claro lo que deseamos para nuestro futuro, quizá sabemos qué nos gusta y para lo que somos buenos, pero no somos capaces de visualizar qué podemos hacer con esto para ganarnos la vida y ser los dueños de nuestra vida.

Es por eso por lo que David, tu mentor a partir de ahora, te explicará no solo cómo alinear tus ideas con quién eres en realidad sino también cómo combatir el miedo a fracasar. Hace mención, además, a las que considera las mejores técnicas y herramientas para liderar equipos e incluso cómo mejorar tus ventas.

De hecho, todo lo escrito en las siguientes páginas es producto de la propia experiencia del autor, quien tras 17 años promoviendo el desarrollo de talentos y potencial de sus alumnos, quiso compartir cómo había sido capaz de conseguir ser feliz, dedicándose a enseñar su pasión sin perderse ni un segundo de la vida de sus tres hijos y su maravillosa mujer.

Un libro sumamente completo, interesante y ameno, para que leerlo sea algo que desees y que puedas hacer sin esfuerzo.

*Robert Aylant (Profesor emérito de psicología/universidad Stanford)*

## ¡Tú eres el Gerente de Tu Vida! David Blanco

## ¡TÚ ERES EL GERENTE DE TU VIDA!

Desarrolla tu Liderazgo Personal y alcanza tus objetivos.

> *"A menudo las personas dicen que aún no se han encontrado a sí mismas. Pero el sí mismo no es algo que uno encuentra, sino algo que uno crea".*

**Thomas Szasz**

# ANTES DE EMPEZAR:

El mayor halago que me hacen mis alumnos, en todos estos años, es que, tras impartir un curso de Ventas, de Comunicación, Liderazgo Personal o cualquier otra temática, cuando me los encuentro años después me dicen: "oye, David, ¡qué bien estuvo aquel curso de Motivación que nos distes...!

Al principio, no entendía nada, ponía cara de póker y me decía a mí mismo: "¿De motivación?" Hoy en día cuando se repiten esas mismas situaciones me siento feliz, no hay nada más bello que motivar y encender esa llama de ilusión en las personas.

Y en este momento vital me encuentro: sé qué se me da bien formar, asesorar y motivar a las personas, y no me centro en mí, ni me interesan glorias, sino ayudar a los demás, porque las personas son maravillosas y tienen un potencial formidable y alguien tiene que recordárselo constantemente y ese alguien quiere ser, humildemente, este que escribe (cada vez que sea posible, cuantas más mejor)

*"El liderazgo personal es el reencuentro del individuo consigo mismo y con los demás, para poder crecer juntos"*

David Blanco es Formador de Habilidades Directivas, Comunicación y Liderazgo en Telefónica de España, además de Conferenciante, Coach Ejecutivo y Empresarial (COANCO) y Practitioner PNL (Certificado Richard Bandler).

# Índice de Contenidos

Agradecimientos                                    20

Introducción                                       22

¿A quién va dirigido este libro?                   24

¿Cuántos líderes hay en la sala?                   28

La fábula del hijo y el padre                      31

¡El impacto de lo evidente!                        33

¿En qué te puede ayudar este libro?                35

Método El Regalo                                   41

Reconoce tus Emociones                             46

Ejercicio 1: Reconoce tus emociones                51

¿Existen dos tipos de emociones?                   53

Ejercicio 2: Nuestro cuerpo es sabio               54

Ejercicio 3: Relájate en 20 minutos                56

Regula tus Emociones                               60

Ejercicio 4: Asociado/Disociado                    64

Ejercicio 5: Uso de Anclajes 75

Ejercicio 6: El semáforo 78

Evita contagiarte emocionalmente 81

Encuentra las mejores palabras para ti 86

Ejercicio 7: La ducha emocional 90

Ejercicio 8: Cierra la Puerta 91

Ejercicio 9: ¿Cómo controlar nuestro pensamiento? 93

Gánate tu Confianza 98

Decálogo de Louise L. Hay 102

Ejercicio 10: Mi árbol y yo 104

Automotívate 110

La historia de Viktor Frankl 116

Ejercicio 11: Me gusta/No me gusta 121

Lidera tu vida 126

La Rueda de la Vida 131

Ejercicio 12: La rueda de la vida 133

Tengo Miedo, luego existo 137

Ejercicio 13: La silla musical 139

Definiendo el miedo 141

Vendo, luego existo 145

Es imposible no comunicar 146

Siempre estamos vendiendo 147

No me hables de vender 150

Escuchar para comprender 153

Vender es un acto de Amor 154

Ofrece Reconocimiento 160

¿Por qué nos cuesta tanto? 162

El Halago debilita 162

El Reconocimiento fortalece 165

La Ley de las 3 R 165

La costumbre de reservar 167

La importancia de aprender a perdonar 174

Ejercicio 15: Saber perdonar, saber soltar 176

La economía de las caricias 182

Feedback 6/1 183

Te he pillado… haciéndolo bien 188

Ejercicio 16: Te Pillé      189

La mirada positiva      191

Siempre espero encontrar personas maravillosas      193

La Carta de Nancy      195

La profecía autocumplida      197

Esto es un Hasta Pronto      198

Gracias      200

¡Tu regalo!      202

# AGRADECIMIENTOS:

Dedicado a todos aquellos Emprendedores que se embarcan en nuevos proyectos y que tienen sueños por los que se ilusionan cada día. Para todas las personas que toman ACCIÓN y son, o quieren ser, las protagonistas de su vida.

Y en especial para Esperanza (te adoro, gracias por apoyar siempre a este ser que escribe), a mis hijos, Anabel, Sara y David (por aguantar a un papá que se encierra en su despacho a escribir).

A mis padres (incondicionales, sois mi espejo, de mayor quiero ser como vosotros), a mis hermanos y familia.

Y, a mis amigos (en orden alfabético) Chimo Villena Javier Fernández de Mera, José Campos, José Carlos Del Arco, Juan Carlos López, Manolo González, Miguel Mollá y Sergio Díaz (gracias por todos tus consejos para publicar este libro, querido Sergio) Me siento muy honrado por disfrutar de vuestra amistad y vuestro refuerzo constante. En cierta ocasión le preguntaron al insigne Premio Nobel de Medicina, Santiago Ramón y Cajal, ¿cuál era el secreto para vivir más de 80 años? A lo que Don

Santiago respondió: "El secreto es tener buenos amigos y dedicar cada día unos minutos a la tertulia"

*¡Tomo nota! Gracias a todos, por apoyarme y por creer en mí en cada minuto de mi vida. ¡Os quiero!*

# Introducción:

Generalmente asociamos la idea de liderazgo con la gestión de personas, de equipos y con tener un importante puesto directivo en una organización. Sin embargo, existe otra vertiente, también muy relevante que tiene que ver exclusivamente con la persona, con el individuo y con las decisiones que tomamos en cada momento.

Hablamos, por tanto, del **Liderazgo Personal**, aquel que está relacionado con tu iniciativa, con afrontar tus miedos y con saber manejar tus emociones.

# ¿A quién va dirigido este libro?

En este libro descubrirás herramientas prácticas para desarrollar tu Liderazgo Personal. Puede que lideres un equipo de Personas en una organización o que te lideres a ti mismo, lo cual ya es mucho. He pensado mucho también en aquellos Formadores y Coaches que queréis trabajar dinámicas muy prácticas en vuestras sesiones, aquí las encontraréis (algunas de ellas muy emocionantes y efectivas)

Me suelo relacionar mucho con el Universo de los **Emprendedores**, si lo eres, te tengo en mente en muchas de las líneas de este libro, en él encontrarás herramientas de Autogestión emocional que te ayudarán a desarrollar tu proyecto con más **CONFIANZA** y un mayor **Liderazgo Personal.**

Pienso también en ti, **que le quieres dar un giro a tu vida**, que te quieres renovar o cambiar cosas que no te gustan de tu vida actual (está en tu mano, amigo, amiga, aquí lo verás)

Y también para ti, **que te consideras una persona normal y corriente, como yo,** te diré que te considero un Emprendedor, porque si lo analizamos en un sentido amplio, Emprendedor, define, a mi modo de ver, no sólo a aquella persona que Emprende un Negocio, Proyecto o Startup, sino también a la que toma ACCIÓN cada día y quiere ser la protagonista de su vida.

Además, si lo pensamos bien, cada uno de nosotros y todos los días emprendemos un nuevo día, lo cual SIEMPRE es una maravillosa oportunidad.

# ¡TÚ puedes SER el GERENTE de TU VIDA!

*"El liderazgo personal es el reencuentro del individuo consigo mismo y con los demás, para poder crecer juntos"*

**David Blanco**

##  ¿Cuántos líderes hay en esta sala?

Esta pregunta la vengo realizando desde hace años en todos mis cursos y conferencias, tanto si tengo 10 alumnos en un aula ó 150 personas en un auditorio y siempre sucede lo mismo.

Al principio, tímidamente, levantan la mano unos cuantos; cuando repito la pregunta, aparecen levantados algunos brazos más y al formularla de nuevo (diciendo que hasta que no la levanten todos no nos vamos de allí, con una sonrisa en mi boca), ya se dan por aludidos y todos al unísono alzan sus brazos.

No deja de sorprenderme, porque cuando esta pregunta la formulo en un foro exclusivamente de Emprendedores, sucede lo mismo y pocos alzan sus brazos. Cuando si lo pensamos bien, todos ellos Lideran sus Proyectos y lógicamente, también, su destino.

Allá por el año 2013, me encontraba dando una Conferencia en la Escuela Europea de Competencias en Sevilla (España) y cuando hice a los participantes la pregunta de ¿Cuántos Líderes hay en la Sala?

Ocurrió lo mismo de siempre, pocos levantaban sus manos, hasta que al final lo hicieron todos. En ese justo momento es cuando comencé a hablarles de la importancia del Liderazgo Personal y que nosotros con nuestras decisiones forjamos nuestro destino.

Ahí fue cuando se produjo un momento mágico, ese momento en el que te das cuenta de que algo precioso sucede.

Uno de los participantes, bastante joven, y con una ingenuidad maravillosa me hizo la siguiente pregunta:

**Entonces…, ¿yo puedo decir que SOY el Gerente de mi Vida?**

*A lo que le respondí*: **¡Claro que sí!**

## ¡TÚ, ERES EL GERENTE DE TU VIDA!

El joven participante asintió con su cabeza, bastante conforme y con un brillo en su mirada diferente. A este tipo de momentos los suelo denominar "El Impacto de lo Evidente"

Son aquellas ocasiones en las que nos damos cuenta de que algo es muy obvio y que **cambiar a mejor depende exclusivamente de nosotros**, de nuestra decisión y determinación.

A propósito de esto, del impacto de lo Evidente, me viene a la memoria un Curso que impartí sobre Organización y Gestión del Tiempo en la que narré la siguiente fábula:

# La Fábula del Hijo y el Padre:

Juanito tenía 6 años y era bastante despierto para su edad. Su papá trabajaba muchas horas cada día, tenía un puesto de responsabilidad en una gran empresa y la mayoría de los días llegaba a casa para dar un beso de "buenas noches" a Juanito, antes de dormir.

Una noche al acercarse su papá le pregunto: "Papá, tú ganas mucho dinero, ¿verdad?

Éste le respondió: "Sí, hijo, afortunadamente sí"

El pequeño siguió preguntando: "¿Y cuánto dinero ganas en una hora, papá?"

El padre se quedó pensativo, comenzó a realizar cálculos mentales y le dijo: "pero tú para que quieres saber estas cosas? ¡Venga, duérmete!"    Juanito insistió: "dímelo, papi, dímelo"

Dándose cuenta de que no podía escabullirse fácilmente de dicha pregunta, inclinó ligeramente su cabeza hacia arriba, calculó de nuevo y le dio una cifra:
"100 € a la hora, Juanito"

El chiquillo, sorprendido, hizo cálculos matemáticos con sus deditos y, ni corto ni perezoso dijo: "papi, dame 50 €"
El padre, desconcertado, le inquirió: "¿pero tú para qué quieres 50€, atrevido? ¡Venga, duérmete, dame un beso!

Juanito dio un salto desde su cama y se encaramó hacia una estantería en la que se encontraba su preciada hucha. La abrió quitando el tapón de goma inferior y comenzó a contar moneda a moneda hasta que, en voz alta, dijo: "¡Cincuenta!" invadido por la alegría exclamó: "¡Papi, 50 más 50 son 100!, ya tengo para comprar una hora de tu tiempo. Quiero que mañana llegues a casa antes de cenar y juegues una hora conmigo"

El padre, con lágrimas en los ojos, recibió en ese preciso momento una de las mejores lecciones de toda su vida. Abrazó, emocionado, a su hijo y le prometió que a partir de ahora cada día jugaría y estaría más tiempo con él.

# ¡El impacto de lo Evidente!

Todos somos los responsables de lo que nos acontece en nuestra vida y cuanto antes nos demos cuenta más disfrutaremos de ella y menos nos quejaremos por lo que nos acontece.

Inculquemos esas semillas de responsabilidad en nuestros hijos, para que se acostumbren a decir: "he suspendido" o "he aprobado", en vez de "me han aprobado o me han suspendido"

En el primer caso eres responsable, en el segundo no, porque tristemente para ti, en todas aquellas situaciones en las que no te consideras responsable de algo, tampoco serás parte de la solución, porque siempre dependerá de un factor externo.

La actitud anterior suele venir acompañada por frases que se inician con la expresión: **"Es que…"**

Sin embargo, las personas de **"foco interno"** dicen: "he suspendido", por tanto, eres consciente de tu responsabilidad y asumes que eres tú quien tiene la capacidad para revertir dicha situación.

Estas personas son las que tienen una vida más plena y feliz, aquellas que deciden no instalarse en el confortable asiento de la queja.

*"Los únicos límites a la creación de un nuevo futuro son nuestras dudas de hoy"*
**Franklin Delano Roosevelt**

*"El Reconocimiento de que TÚ eres la causa y no el efecto hará que no tengas más miedo: sentirás una nueva sensación de poder."*
**Robert Fisher, El Caballero de la Armadura Oxidada**

*"Sólo aquellos que se arriesgan a llegar demasiado lejos descubren qué tan lejos se puede llegar"*

**T.S. Eliot**

# ¿En qué te puede ayudar este libro?

En los últimos 17 años he formado a más de 1000 personas, muchos de ellos **Líderes** y **Emprendedores**. Con el tiempo he podido conocer cuáles son sus necesidades, sus ilusiones, sus anhelos y también sus barreras emocionales o personales para alcanzar sus objetivos.

En este libro encontrarás un **Método de Gestión Emocional, de Motivación y Reconocimiento (Método El REGALO)** de 6 pasos, que he diseñado y que vengo utilizando en todas mis sesiones desde hace varios años, con bastante éxito.

Encontrarás herramientas muy prácticas y dinámicas, para que las puedas poner en marcha inmediatamente contigo mismo o con tu equipo, tu pareja o tu familia.

Con este libro potenciarás tu **inteligencia emocional**, reforzarás tu **confianza** y **Motivación**, y por ende desarrollarás **tu mejor versión**.

Porque para Liderar cualquier Proyecto Emprendedor o Liderar a personas no sólo se trata de que seas un excelente profesional o tengas los conocimientos necesarios.

**Lo que marcará realmente la diferencia es que estés bien equipado de las siguientes competencias emocionales:** positividad, resistencia a la frustración, regulación emocional, adaptabilidad al cambio, automotivación, energía, iniciativa y mucha determinación (antídoto del miedo)

Sin estas competencias difícilmente tu proyecto saldrá adelante o serás ese Líder que tu equipo necesita para alcanzar los retos o metas que te hayas planteado. Y todo comienza en ti, como en una partida de ajedrez en la que el siguiente movimiento te corresponde a ti.

Y éste es el propósito de este libro, **querido lector**, proporcionarte herramientas y **ejercicios prácticos** para que puedas alcanzar una alta habilidad emocional y de **liderazgo**, las cuales son cruciales para que consigas **liderarte a ti mismo**, para luego liderar a otras personas, tu Proyecto o tu VIDA.

*"Nada prueba tan contundentemente la habilidad de un hombre para dirigir personas como la habilidad para dirigirse a sí mismo"*

**Thomas Watson**

Aprovechando las palabras de **Stephen Covey**, una autoridad internacionalmente respetada en materia de liderazgo, experto en familia, profesor, consultor de organizaciones y escritor:

*"Es inútil esperar que prosperen las organizaciones en las que no mejoran sus personas"*

El Doctor Covey basó todas sus enseñanzas en unos principios de liderazgo para construir organizaciones y familias efectivas. Escribió libros muy exitosos, entre los cuales destaca el bestseller mundial **"Los 7 hábitos de la gente altamente efectiva"**, uno de los Libros más destacados del pasado siglo" y uno de los 10 libros más vendidos de Management de todos los tiempos, más de 15 millones de ejemplares y traducido en cerca de 40 idiomas en todo el mundo.

Covey habla de las organizaciones, utilizando un paralelismo, si quieres mejorar tu vida has de mejorarte a ti mismo, para alcanzar tu mejor versión. O si quieres tener una familia maravillosa, todo se inicia en ti, siendo un padre o madre maravillosos. Recuerda, depende de ti...

*"Podrás reconocer tu propio camino una vez que estés en él, ya que de pronto tendrás más energía e imaginación que la que podrías llegar a necesitar"*

**Jerry Gillies**

SÉ EL **CAMBIO** QUE QUIERES VER EN EL **MUNDO**

*- Gandhi*

Estoy a punto de presentarte el Método del **REGALO**, antes de eso me gustaría hacerte las siguientes 6 preguntas:

**¿Te gustaría?...**

- ¿Gestionar eficazmente tus emociones?

- ¿Mantener un diálogo interno positivo?

- ¿Sentirte con confianza?

- ¿Estar motivado?

- ¿Liderar tu vida y sentirte motivado, en vez de "sentarte a esperar" qué te deparará el destino?

• ¿Ser más agradecido con la vida y con los demás?

Si a todas las preguntas anteriores has respondido con un rotundo sí, lo cual no dudo, entonces sigue leyendo…

…porque **he diseñado para ti un método de 6 pasos para que puedas alcanzar tus propósitos.**

Con este acróstico, si leemos en vertical todas las palabras que figuran en rojo, se muestra ante nosotros la palabra REGALO, protagonista de este **método de 6 pasos.**

# MÉTODO "EL REGALO" ©
# David Blanco

• Reconoce / Regula tus Emociones.

• Encuentra los mejores pensamientos para ti.

• Gánate tu Confianza.

• Automotívate.

• Lidera tu Vida.

• Ofrece Reconocimiento.

Este método de **Autogestión Emocional y de Liderazgo Personal** aglutina. Mis **17 años** de experiencia como Formador y Conferenciante, en ese período he formado a más de 1000 Líderes y Emprendedores a lo largo de, aproximadamente, 3000 horas. He impartido Formaciones por toda España y en Latinoamérica, en Perú, Guatemala y Colombia.

Este libro que tienes en tus manos, o ante ti, recoge ese **viaje compartido.** De hecho, siempre fomento la participación e interactividad con mis alumnos, por tanto, mi discurso ha ido enriqueciéndose con muchas de las vivencias, alegrías y sinsabores de mis queridos participantes.

He procurado ser muy fiel a mí mismo, alejándome de los terrenos excesivamente teóricos (tal y como lo hago en mis Cursos y Conferencias) para brindarte **ejercicios y dinámicas muy prácticas**, para que puedas entrenarte en ellas.

**Te garantizo que funcionan,** pero es una magia que tiende a desaparecer por la rutina, por nuestros hábitos repetidos, y porque nuestro cerebro es un excelente ahorrador de energía, al que no le suele gustar salir de su zona de confort y peleará por mantener el statu quo anterior.

Es por eso por lo que, **lee esto con atención:** estas técnicas y dinámicas que verás en el libro funcionan si las practicas a menudo y consigues incorporarlas a tu vida con constancia y tomando consciencia.

**Tomar consciencia** es "darse cuenta", dejar de vivir en "piloto automático" y ser autocrítico, para plantearnos si ante las diferentes situaciones de nuestra vida y las emociones que experimentamos, podemos modificar nuestro comportamiento incorporando nuevos hábitos, rutinas, maneras de pensar o formas de hacer más efectivas.

# CLAVE I

# RECONOCE TUS EMOCIONES

*"De todos los conocimientos posibles, el más sabio y útil es conocerse a sí mismo"*

**William Shakespeare**

*"Por qué hemos de escuchar al corazón?"-preguntó el muchacho. "Porque donde él esté, estará tu tesoro"*

**Paulo Coelho, El Alquimista**

El punto de la partida en la Inteligencia Emocional es el **Autoconocimiento Emocional**, de hecho, es la primera competencia que se suele trabajar.

Es aquella habilidad para reconocer y entender los sentimientos propios, así como diferenciar entre ellos y saber qué los causan, el proceso reflexivo mediante el cual una persona adquiere noción de sí misma, de sus cualidades y de sus defectos, para poder identificar sus estados de ánimo y las reacciones o comportamientos que se puedan generar.

Los expertos suelen coincidir en distinguir dos tipos de emociones, primarias (que se heredan genéticamente) y secundarias (suelen ser más complejas, también llamadas "Emociones Sociales", que afloran al relacionarnos con las demás personas)

# Emociones Primarias:

**a)** **Enojo o Ira** (furia, hostilidad, animadversión, violencia, odio, impaciencia, resentimiento, molestia, mal genio, indignación)

**b) Satisfacción** (alegría, alivio, placer sensual, deleite, extravagancia, disfrute, diversión, felicidad, gratificación, orgullo)

**c) Miedo** (pavor, terror, fobia, inquietud, aprehensión, desconfianza, nervio-

sismo, sospecha, ansiedad, preocupación)

**d) Tristeza** (duelo, depresión, desaliento, autocompasión, soledad, nostalgia,

desesperanza, melancolía, aflicción, pena (en Latinoamérica significa vergüenza, por tanto, es una emoción Secundaria como veremos ahora después, en España significa tristeza)

# Emociones Secundarias:

**a) Amor:** afinidad, gentileza, adoración, amor desinteresado, caridad, con-

fianza, devoción, dedicación, amabilidad y amor obsesivo, aceptación.

**b) Sorpresa:** shock, estupefacción, maravilla y asombro.

**c)** **Vergüenza:** pena, humillación, culpa, vergüenza mortificación, remordimiento y arrepentimiento.

**d)** **Asco:** aberración, repulsión, menosprecio, aversión, desprecio y desdén.

Regresando a nuestro método de Autogestión Emocional y Liderazgo Personal, **quiero proponerte el primer ejercicio práctico**. A lo largo del libro encontrarás diversos ejercicios que te van a ayudar a gestionar tus emociones de un modo más eficaz.

*"Sólo hay un rincón en el Universo que sabes que puedes mejorar, y ese eres tú"*

**Aldous Huxley**

*"Un hombre viaja por el mundo buscando lo que necesita y regresa a casa para encontrarlo"*

George Moore

# Ejercicio 1: "Reconoce tus Emociones"

## Instrucciones:

• Imagina una escena de tu vida cotidiana en la que experimentes una emoción que tengas la sensación de que te limita, que te frena. Si eres formador o Coach y lo quieres trabajar con personas es recomendable que no sea una emoción traumática.

**Tiempo aproximado:** 5 minutos.

## Objetivo:

• Identificar dicha emoción es el primer paso para poder gestionarla o regularla eficazmente.

• **Recomendación:**

• Para concentrarte lo máximo posible, **es muy importante que cierres tus ojos tras leer estas instrucciones.**

- Cuando tengas identificada la emoción que te limita, anótala en un cuaderno y describe la escena con el mayor número de detalles posibles, personas, objetos, lugar y cómo te ves a ti mismo.

*"Cada vez que escribimos pensamos 3 veces, la primera al pensarlo, la segunda al escribirlo y la tercera al leerlo"*

Si eres **formador o Coach** y lo quieres trabajar en grupo, te dejo las siguientes recomendaciones:

- Es un ejercicio en el que no pedimos que nos den detalles acerca de qué emoción se trata, sobre todo para respetar su intimidad y no ponerlos en evidencia ante los demás.

# ¿Existen dos tipos de Emociones? ¿positivas o negativas?

Este es un debate muy habitual, en mi opinión, no son ni positivas ni negativas, **son señales**, y por lo tanto **información.**

Si un "indicador" de tu coche se enciende con una luz roja ¿es bueno o malo?... Evidentemente, la emoción que experimentamos no es agradable, pero gracias a esa información nos sentimos alertados por un peligro y podemos reaccionar a tiempo.

Las emociones son el termómetro que nos indica cómo nos encontramos en cada momento, lo importante es reconocerlas y regularlas.

La complejidad de estas situaciones es "darnos cuenta" de que las estamos experimentando, porque, por ejemplo, en aquellas ocasiones en las que estamos excesivamente alterados se produce el conocido **"secuestro emocional"**, localizado en la amígdala de nuestro cerebro y que nos controla por completo.

Algunos expertos aseguran que somos "maquinas emocionales" y otros, "navegantes emocionales" atravesando las corrientes y mareas de los océanos emocionales.

*"El manejo de nuestras emociones es el manejo de nuestra vida"*

# Ejercicio 2: "Nuestro cuerpo es sabio"

**Instrucciones:**

• Es muy sencilla, **con los ojos cerrados** señálate a ti mismo con tu dedo índice. Observa hacia dónde se dirige tu dedo.

• Salvo excepciones, lo habitual es que vaya hacia nuestro corazón. **¡Nuestro cuerpo lo tiene claro!**

**Objetivo:**

Resaltar el hecho de que, aunque nuestra educación tradicional ha otorgado una relevancia considerable a los conocimientos, a la razón, en realidad **somos seres eminentemente emocionales.**

**"El 99% de nuestras decisiones son emocionales"** *¿y el 1% restante?*

Ese 1 % sirve para teñir de racionalidad las decisiones que tomamos, para **justificarlas racionalmente.**

Es un proceso de auto negociación en el que intentamos convencernos de que nuestra decisión es mesurada, planeada y bien pensada, cuando en realidad, casi siempre, un impulso es el que nos hace tomar acción.

Estoy convencido de que si te trasladas a tu pasado encontrarás muchas situaciones en las que has sentido ese impulso que te ha llevado a tomar una decisión. Al comprar un coche ("carro" en Latinoamérica) en el momento en el que te decides por un modelo y no por otro. Quizá un olor, un matiz, un detalle (no siempre racional) es el que impulsa la decisión.

A partir de ahí nuestro cerebro comienza a protegernos para hacernos sentir bien y para que no tengamos remordimientos, por tanto, avalará nuestra decisión con una buena batería de argumentos racionales.

**El esquema: P +S +A = R** tiene que ver también con la ley anterior, traducido quiere decir que:

• Tenemos **PENSAMIENTOS** que generan **SENTIMIENTOS**, estos **ACCIONES** y concluyen en unos **RESULTADOS**.

# Ejercicio 3: "Relájate en 20 minutos"

**Instrucciones:**

• Concéntrate en tu respiración.

• Imagina que un hilo tira de tu cabeza hacia arriba.

• Déjate llevar y cierra tus ojos, pon la mano en tu diafragma y nota cómo se va llenando y vaciando de aire, a medida que tomas y sueltas el aire.

- Evidentemente si aumentas los minutos el resultado es mejor.

- Lo ideal es que dediques cada día 20 minutos, en los que te vas a centrar exclusivamente en tu respiración, ya sea en la nariz o en el abdomen.

- Puedes tener algún picor en el cuerpo, pero es natural, porque nuestro organismo reacciona ya que no está acostumbrado a estar sin actividad.

- Con los pensamientos sucederá algo parecido, aunque te concentres en tu respiración dichos pensamientos aflorarán. Tranquilo, es normal, dales la bienvenida y déjalos marchar.

- No juzgues dichos pensamientos, déjalos ir.

- A cada distracción que aparezca responde volviendo a concentrarte en tu respiración.

- ¡Si te desconcentras 50 veces, 50 veces vuelve a concentrarte!

- Céntrate en el vaivén de tu respiración.

• Si realizas este ejercicio a diario notarás una mayor sensación de calma y te mostrarás mucho más consciente ante lo que te rodea.

*"Hay que conseguir una respiración tal que uno pueda sentarse en ella"*

**Jean de Reszke (Tenor)**

# ¿Tienes disponibles 20 minutos al día?

Si la respuesta es que no, entonces sigue leyendo, porque te conviene ser el

**"GERENTE de TU VIDA"**

El **mindfulness** también conocido como "Conciencia plena" o "Atención Plena" es herencia de la meditación budista. Jon Kabat-Zinn es su introductor en Occidente. El mindfulness trata de ubicarnos en el momento presente, puesto que multitud de pensamientos nos asaltan durante el día y nos hacen vivir solo un parte del presente que nos acontece.

# 1.2) REGULA TUS EMOCIONES

*"Yo no elijo cómo me siento, pero sí puedo gestionar cómo me siento"*

**Miguel Ángel Cornejo**

La frase anterior es la piedra angular de la regulación emocional. Generalmente, no elegimos cómo nos sentimos, porque solemos estar a expensas de los factores externos de la vida y, por supuesto, de los internos, de la interpretación que hacemos del mundo que nos rodea y de todo lo que nos acontece.

Y ahí están las emociones, como vimos antes, directamente relacionadas con los pensamientos que generamos, consciente o inconscientemente.

Muy bien, reconozco mis emociones, las he puesto, incluso por escrito.

¿Y, ahora qué? ¿qué hago con ellas?

Las personas queremos soluciones, y… ¡Las queremos YA! Así somos…

Por supuesto que no es tan sencillo como utilizar una técnica y ya está, requiere de mucha fuerza de voluntad, entrenamiento, toma de consciencia y, sobre todo, persistir hasta conseguirlo.

Las **emociones** son reacciones de nuestro organismo adaptativas ante los estímulos que percibimos. Ya sea una persona, un recuerdo, un lugar…etc.

Las emociones modifican nuestra capacidad de atención y activan conexiones en nuestra memoria. Los sentimientos son el producto de nuestras emociones, duran más y podemos expresarlos con nuestras palabras.

Las emociones generan expresiones faciales concretas, la actividad del Sistema Nervioso Autónomo, la voz, el sistema endocrino e incluso los músculos, en aras de posibilitar un medio interno idóneo para que nuestro comportamiento sea más efectivo.

Nuestras situaciones emocionales son generadas por la liberación de los neurotransmisores u hormonas, las cuales convierten a las emociones en sentimientos y éstas son plasmadas a través del lenguaje.

Las emociones sirven para ubicarnos en nuestro entorno y son las que deciden por qué nos gustan unas personas y no otras, un móvil o celular y no otro, preferencia por los objetos o incluso por las ideas.

Narra una fábula india que existía un ratón que andaba siempre angustiado porque tenía miedo del gato. Un brujo se apenó de él y lo convirtió en un gato.

Entonces el gato empezó a temer al perro. Por tanto, el brujo lo convirtió en perro. Tiempo después comenzó a sentir pavor del elefante, y el brujo lo convirtió en elefante. Con lo cual comenzó a temer al cazador.

Tras tanto cambio sin éxito, el brujo se dio por vencido y volvió a llevarlo a su estado original, lo convirtió en ratón, diciéndole: "Haga lo que haga, no te servirá, porque siempre tendrás el corazón de un ratón."

Por tanto, lo que mueve nuestra vida, aunque no nos demos cuenta, son nuestras emociones. Piensa en el mejor momento de tu vida o en el peor y te darás cuenta de que está relacionado con una emoción.

La riqueza de la vida está en nuestras emociones, el disfrute de nuestra vida está relacionado con nuestras emociones. Así mismo muchas de nuestras

creencias, sean erróneas o no, están profundamente arraigadas tras haber

sentido una emoción.

**El manejo, la regulación de nuestras emociones puede transformar nuestra vida,** porque no seremos un frágil velero a expensas del oleaje o de las tormentas, sino un robusto trasatlántico, sólido, consistente y **cuyo rumbo vital lo decidimos nosotros.**

De nosotros depende llevar el timón con fuerza, decisión y seguridad.

A continuación, te propongo un ejercicio muy importante, el cual llevo a cabo en mis sesiones presenciales, para poder trabajar nuestra regulación emocional.

# Ejercicio 4: "Asociado / Disociado"

**Instrucciones:**

• Es un ejercicio de PNL, programación Neurolingüística en el que trabajamos las submodalidades y los procedimientos de asociación y disociación.

## CREACIÓN DE LA ESCENA

• Visualiza una escena de tu vida, con los ojos cerrados, en la que sientas esa emoción difícil que no puedas controlar, que te limite o te frene, la misma que trabajamos en el **ejercicio 1.**

• ¿Tienes la imagen? ¡Bien!

• ¿Cuáles son tus sensaciones?

• ¿Te ves dentro o fuera de la imagen?

• ¿Tiene color?

• ¿Oyes alguna voz o voces?

• Lo habitual es que estés asociado, o sea, que te veas dentro de la escena y reviviéndola. Si no te ves dentro lo mejor es que elijas otra emoción que vivas más intensamente o te afecte más.

• Como estás asociado, nos interesa "ir sacándote" de manera progresiva para que vaya bajando la intensidad emocional.

## DENTRO DEL CINE

• Ahora congela la imagen e imagina que estás dentro de un Cine.

- Siéntate confortablemente en una de las butacas y proyecta la escena, reviviendo esa emoción que te limita, en la pantalla gigante del Cine.

- Ahora estás sentado en el cine viendo tu escena en la pantalla.

- Con lo anterior conseguimos que empieces a disociarte.

- ¿Qué sensación experimentas ahora?

- Lo habitual es que comiences a revivir la escena de un modo diferente y con menor carga emocional.

- Generalmente si preguntamos si la imagen tiene color, si hay ruidos, voces, qué intensidad tienen, notaremos que hay cambios gracias a distanciamiento.

## SALA DE PROYECCIONES

- Vuelve a congelar la imagen y acompáñame a la "Sala de Proyecciones" del cine.

- A partir de este momento te ves a ti mismo, sentado en la confortable butaca del cine y la escena creada en la pantalla.

- Con esto conseguimos disociarnos más aún.

- ¿La imagen tiene color? ¿Tiene la misma intensidad que antes?

- ¿La ves borrosa o nítida?

- Lo habitual es que, llegados a este punto, te veas más fuera de la situación que antes.

- Cuando hago este ejercicio en grupo, los participantes van diciendo que ahora lo viven de otra manera distinta.

- Ahora ya puedes abrir los ojos.

- Podemos incorporar para cerrar el ejercicio "la cámara rápida hacia atrás" para volver al principio de la historia.

- Ante nuestras preguntas acerca de si lo viven de otra manera, lo habitual es que digan que lo ven con cierto sentido del ridículo, lógicamente, porque están disociados y les parecerá absurdo o desproporcionado el comportamiento que visualizan.

- Para cerrar el ejercicio te propongo la "cámara rápida" del principio al final de la historia, acompañado de una música circense. Podrás comprobar cómo te distancia mucho más y se atenúa considerablemente la carga emocional.

- Abre de nuevo los ojos. ¿Qué nuevas sensaciones o diferencias has percibido?

**Objetivo:**

Hay que destacar que somos nosotros quienes podemos reconstruir emocionalmente nuestras experiencias para atenuar la carga emocional de las mismas.

**Teoría:**

Nuestros procesos cognitivos generan unos pensamientos, los cuales están fundamentados en una emoción que los provoca u origina.

Esas emociones provocan unos Pensamientos, los cuales generan unos Sentimientos y éstos un Comportamiento y por ende unos resultados. Todo acorde al esquema P S A = R, que vimos anteriormente.

- Nuestro cerebro es especialista en registrar todas estas situaciones a modo de compartimentos o carpetas de un ordenador.

- Cada experiencia pasa a categorizarse con su sentimiento y comportamiento habitual. Dicho de otro modo, el cerebro "ha aprendido" una respuesta habitual.

- Si ese comportamiento no es el que deseamos, porque gritamos, nos alteramos o nos frustramos o tenemos miedo.

- Lo interesante y significativo será cambiar esa emoción para que, cognitivamente, nuestro cerebro entrene una nueva respuesta, que nos evite situaciones indeseadas y que, en muchos casos, afectan a nuestros seres más queridos.

- Si la intensidad emocional decrece, nuestra reacción es más moderada y conseguiremos la regulación emocional.

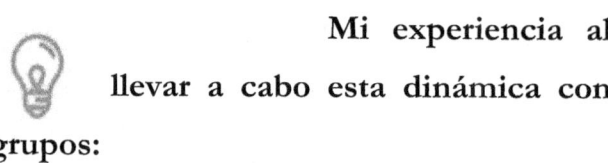 **Mi experiencia al llevar a cabo esta dinámica con grupos:**

- Lo más importante es ir dándoles tiempo para que vayan accediendo con su mente a cada escena.

- Es fundamental hacer las preguntas de una en una y dejar tiempo para que las contesten.

- Se trata de que contesten escuetamente, no que narren de manera profusa las escenas.

- Es un ejercicio en el que no pedimos que nos den detalles acerca de qué emoción se trata, sobre todo para respetar su intimidad y no ponerlos en evidencia ante los demás.

- Por lo general, al principio todos se ven dentro de la imagen, a medida que se van distanciando la emoción se atenúa y si se trata de un problema es como si no tuviese ya tanta importancia.

- Si no se ven dentro de la imagen lo idea es que elijan otra emoción para que exista mayor implicación emocional y la vivan completamente asociados.

- Es muy importante que les sugieras que elijan emociones o situaciones que no sean traumáticas.

- Los colores, los sonidos y las sensaciones que van sintiendo también van perdiendo fuerza o impacto emocional.

La **programación neurolingüística (PNL)** es una estrategia de psicoterapia, desarrollo personal y comunicación, creados por **John Grinder** y **Richard Bandler** en California (Estados Unidos), allá por el año 1970.

Es un sistema de modelado, en el que ambos creadores buscaron patrones de éxito que fueran comunes y se repitieran en las personas, aprovechando los conocimientos de reputados expertos como Virginia Satir, Fritz Perls y Milton Erickson. El autor más destacado de esta disciplina en la actualidad es Robert Dilts.

La PNL busca descubrir cómo funciona la mente humana a propósito de todo lo que percibimos de nuestro entorno, cómo lo procesamos y cómo lo comunicamos. Se utiliza en el ámbito de la comunicación e incluso para el tratamiento de fobias.

Sabías que...

## SUBMODALIDADES PNL

### Submodalidades Visuales

- **Brillo**: ¿La imagen es oscura o clara?

- **Distancia:** ¿La imagen está lejos o cerca?

- **Color:** ¿La imagen está en blanco y negro o es en color?

- **Enfoque:** ¿La imagen es borrosa o nítida?

- **Tamaño:** ¿La imagen es pequeña o grande?

- **Posición:** ¿La imagen se ve desde arriba, abajo, izquierda o derecha?

- **Movimiento**: ¿Observa una imagen estática o hay movimiento en el recuerdo?

- **Enmarque:** ¿La imagen está enfocada en una sola área o es panorámica (se observa todo de una vez)?

- **Asociación:** ¿Ve la imagen "a través de sus ojos" o "afuera de su cuerpo"?

## Submodalidades Auditivas

- **Volumen:** ¿El volumen de los sonidos es alto o bajo?

- **Ritmo:** ¿El ritmo de los sonidos es bajo (como una persona hablando en cámara lenta) o acelerado (como una persona hablando 10 veces más rápido de lo normal)?

- **Dirección:** ¿De qué posición en el espacio vienen los sonidos? Se puede escuchar adelante, atrás, izquierda, derecha, etc.

## Submodalidades Kinestésicas

- **Posición en el cuerpo:** ¿En qué lugar del cuerpo se concentra la sensación?

- **Peso:** ¿Se siente ligero o pesado?

- **Presión:** ¿Se siente tenso o relajado?

- **Intensidad:** ¿El sentimiento es intenso o despreocupado?

Para darle más fuerza al ejercicio te recomiendo que lo combines con el siguiente que te propongo.

# Ejercicio 5: "Uso de Anclajes"

**Tiempo:** 5 minutos

**Instrucciones:**

• Se trata de que podamos relacionar el ejercicio anterior con una **palabra concreta** o incluso **un objeto** que solamos llevar con nosotros, para que sirva de detonante o resorte que nos haga tomar consciencia.

• La palabra puede ser la primera que se te ocurra, así cada vez que la recuerdes acudirá a tu mente todo el proceso de disociación, con el que conseguirás regular dicha emoción.

• Con el objeto ocurre exactamente igual, funciona al tocarlo o incluso mirarlo. Aquí lo importante es jugar con nuestra imaginación y, sea lo que sea, si funciona cumplimos nuestro objetivo, que es distanciarnos de la emoción, evitar la carga emocional y **liderar nuestras emociones**, por tanto, nuestra vida.

 # La Técnica de Charlie Rivel:

El prestigioso Payaso nacido en Barcelona, minutos antes de salir a escena se asomaba disimuladamente al telón del escenario, lo entreabría y observaba cómo el público ya estaba sentado en el patio de butacas.

Miraba haciendo el faro, de izquierda a derecha y viceversa y **elegía a 3 espectadores**, aquellos cuyas facciones más agradables les resultaran.

Acto seguido comenzaba a enumerar las supuestas virtudes de cada uno de ellos, los volvía a mirar una vez más, su cara se iluminaba al observarlos y se retiraba a su camerino.

Cuando entraba en escena y a lo largo de su actuación acudía a esas tres caras, esos tres **anclajes positivos** que él había creado.

El uso de esta técnica le daba mucha confianza y lo llenaba de energía.

*"Uno puede crear un día de cualquier tamaño y regular el amanecer y el ocaso de su propio Sol y el brillo de su resplandor"*

John Muir

# Ejercicio 6: "El Semáforo"

**Tiempo:** 15 minutos

**Instrucciones:**

Asociar los colores del semáforo con las emociones y la conducta.

• ROJO: **PARARSE.** Cuando no podemos controlar una emoción (sentimos mucha rabia, nos ponemos muy nerviosos...) tenemos que pararnos como cuando un coche se encuentra con la luz roja del semáforo.

• AMARILLO: **PENSAR.** Después de detenerse es el momento de pensar y darse cuenta del problema que se está planteando y de lo que se está sintiendo.

• VERDE: **SOLUCIONARLO.** Si uno se da tiempo de pensar pueden surgir alternativas o soluciones al conflicto o problema. Es la hora de elegir la mejor solución.

**Secuencia:**

• **Luz Roja:** ALTO, tranquilízate y piensa antes de actuar.

- **Luz Amarilla:** PIENSA soluciones o alternativas y sus consecuencias

- Luz Verde: ADELANTE y pon en práctica la mejor solución.

**Fundamento teórico:**

Básicamente consiste en moverse en tres posiciones distintas que nos permitan cambiar nuestra perspectiva de observación y atraer nuevos recursos para integrar los sentimientos que no aceptamos.

- Sitúate en un espacio concreto (por ejemplo, dentro de un círculo que dibujes en el suelo) e identifica dentro de este espacio una situación en la que experimentas un sentimiento difícil que no puedes contener y te hace salir del presente.

- Conecta con este sentimiento y deja que tu cuerpo lo exprese.

- Sal del espacio donde estas experimentando este sentimiento difícil y cambia tu estado corporal moviendo piernas, brazos etc.

- Da un paso hacia un segundo espacio (posición del observador) y reflexiona sobre aquella parte de ti que está experimentando el sentimiento difícil. ¿Cómo te sientes por sentir aquello?

- Da un paso hacia un tercer espacio. ¿Qué recursos (¿confianza, curiosidad, aceptación fuerza?) podrían ayudar a sostener aquellos sentimientos de forma más respetuosa y amorosa?

- Trae los recursos que has identificado a tu segundo espacio y observa si ha habido algún cambio de percepción hacia el sentimiento difícil.

- Vuelve al primer espacio ¿Cómo te sientes ahora sobre aquel sentimiento difícil? ¿Qué has aprendido de esta experiencia?

# 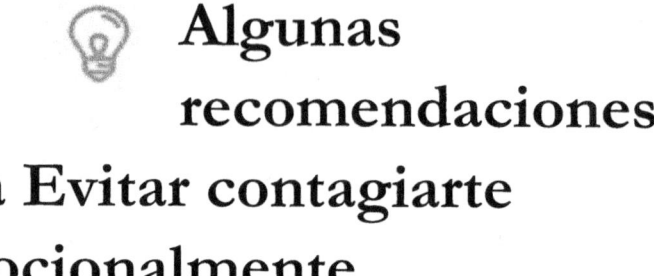 Algunas recomendaciones para Evitar contagiarte Emocionalmente.

- **Comprender lo que sucede en tu cerebro:** la tormenta química y el secuestro emocional invaden nuestro cerebro y no nos deja pensar ni razonar con claridad.

- Saber que **no tenemos toda la información** acerca de por qué nos sentimos de una determinada manera. En muchos casos las causas son ajenas, por tanto, no te lo tomes como algo personal.

- **Utilizar algún anclaje o disparador** que nos haga tomar conciencia de que estamos contagiándonos emocionalmente. **Ejercicio 5.**

- **Escucharnos o conseguir que nos escuchen,** dado que es importante expresar lo que sentimos.

- **Auto Observarnos,** tomando conciencia de nuestras posturas, gestos, reacciones, lenguaje. A través de la disociación que viste en el **Ejercicio 4** nos ayudará a tomar distancia y a la vez revelarnos cómo nos comportamos y qué lenguaje verbal y no verbal expresamos.

- **Establecer objetivos:** ¿Qué quiero conseguir? ¿Merece la pena? ¿Es importante para mí? ¿Es importante para la otra u otras personas?

- **Técnica del semáforo,** desarrollada en el **ejercicio 6.**

Estas recomendaciones sirven para que tomes el control, evidentemente no somos seres perfectos, tenemos mucho que crecer y mejorar, siempre.

Tomar las riendas de tus emociones y tus sensaciones te ayudarán a ser **tu propio Jefe Emocional**, a ser el GERENTE de TU VIDA.

CLAVE II

# 2) ENCUENTRA LAS MEJORES PALABRAS PARA TI

*"Todas las maravillas que buscas están*

*dentro de tu*

*propio ser"*

**Sir Thomas Browne**


*"La Vida es lo que hacemos de ella"*

**Aforismo Hindú**

#  ¿Qué palabras te regalas cuando comienza un nuevo día?

Situémonos en un lunes a las 7 de la mañana. Te propongo que a partir de ese momento "atrapes" todas y cada una de las expresiones negativas que te digas a ti mismo, acerca de otras personas o evocando situaciones poco deseadas.

• Los ufff, pufff, y resto de resoplidos o incluso suspiros, en definitiva, cualquier expresión negativa, que denote frustración, pereza o enfado, **detéctala**, porque sin casi darnos cuenta nos va cambiando nuestro estado emocional y anímico.

• Expresiones tales como: "Otra vez a trabajar" ... "no tengo ganas..." "estoy cansado" ... etcétera.

• Todas estas expresiones van calando en nosotros, en la mayoría de las ocasiones de manera inconsciente y van condicionando nuestro estado emocional, insisto, de modo silencioso.

- Parece que todo se pone en nuestra contra, comienza una larga semana de trabajo, niños al colegio, estrés matutino, corriendo a todos lados, que, si no llegamos, termínate el desayuno, niños, subíos al coche, que llegamos tarde. Todas estas escenas, seguro que nos suenan a aquellos que tenemos niños.

- Imagina lo que sucede si no vamos gestionándolo, a lo largo del día, llegará un momento en el que nos encontraremos invadidos por emociones y sensaciones negativas en nuestro cuerpo.

- Nuestra memoria emocional funciona como un reloj perfecto, va calando en nuestro interior construyendo un Universo de sensaciones que se alojan en lo más profundo de nuestro ser.

- ¿Existe alguna solución? ¿Algún remedio o antídoto?

- ¿Te propongo el siguiente ejercicio, en él descubrirás algunas claves interesantes para poder aprender a manejar nuestro estado emocional?

# Ejercicio 7: "La Ducha Emocional"

Del mismo modo que pasamos por la ducha a diario, es muy sano **"ducharnos emocionalmente"**, limpiar todas y cada una de las expresiones negativas que nos invaden.

**Instrucciones:**

• Cada vez que detectes alguna expresión interna negativa, un diálogo interno que te limite, o un suspiro negativo de los que vimos antes (ufff, pufff, vaya, etc....) utiliza algún recurso verbal o mental, por ejemplo:

**¡Basta! ¡Te Pillé! ¡Te atrapé! ¡Te agarré!**

• **Enjabónate bien**, que no quede ni rastro, porque todas esas sensaciones negativas nos contaminan y pilotan nuestra vida, no lo olvidemos, pueden pilotar nuestra vida si no le ponemos freno.

- **Cómo interpretamos nuestra realidad es clave**, en definitiva, cómo nos contamos las cosas o lo que nos sucede en nuestra vida.

- **Este ejercicio lo puedes enlazar con el ejercicio n° 9**, para controlar nuestro pensamiento y **utilizar los opuestos**, sustituir los pensamientos negativos por positivos o aceptando la realidad e intentando restarle emocionalidad a la situación, para poder pensar con la cabeza más fría.

# Ejercicio 8: "Cierra la Puerta"

¿Alguna vez has notado un malestar interno y, en un primer momento, no sabes a qué se debe?

Estoy convencido de que te ha pasado, a todos nos suele suceder.

**Instrucciones:**

**A)** Deja de hacer lo que estés haciendo, cierra los ojos, siente tu respiración y busca en tu interior por un instante. Notarás como poco a poco viene a ti aquella "puerta abierta", aquella situación que, por estrés, prisas o, porque no era el momento, no pudiste resolver, pero ahí sigue estando, esperando a que le digas algo.

**B)** Ahora que has identificado lo que te sucede pregúntate si lo puedes resolver en ese mismo momento.

• Si lo puedes hacer, expresa mentalmente con una frase cómo lo piensas resolver. Inmediatamente comenzarás a sentirte mejor y volverás a lo que estabas haciendo.

• Si se trata de algo que depende de otras personas o lo tienes que acometer en otro momento, de manera análoga a la situación anterior, utiliza una frase mental con la que resuelves la situación. Si lo puedes anotar por escrito mejor.

**C)** Se trata de detener la **cadena de pensamientos o sensaciones negativas**, las cuales sabotean nuestra vida y no nos dejan estar en calma o en paz con nosotros mismos.

**Pruébalo, ya verás cómo funciona.**

# Ejercicio 9: ¿Cómo controlar nuestro pensamiento?

No es tan fácil, evidentemente, y no siempre se consigue, la clave, por tanto, es ir probando estas estrategias:

• **Detener el Pensamiento Tóxico o Negativo**, yendo a la raíz. Utiliza alguna palabra mentalmente, por ejemplo: **¡Basta! ¡No te creo!**

• **Observar de manera neutral** los pensamientos, no los hagas tuyos, no te pertenecen. Se trata de elegir si te lo crees o no te lo crees, de ti depende. Créete aquello que te ayude, que te potencie, lo demás descártalo, es tu elección.

• **Utilizar los Opuestos**, lo positivo. Ante cada pensamiento negativo, igual que hicimos con la **"Ducha Emocional"** neutralizarlo con un pensamiento positivo.

• **Ignorar los pensamientos,** haciéndolo de manera consciente. Es similar al punto 2, se trata de pensar en otra cosa, utilizando alguna palabra, algún gesto, alguna imagen mental, en definitiva, ignorando dicho pensamiento. Es un sutil ejercicio de distracción.

• **Ponte en lo peor** (un buen antídoto para los hipocondríacos) El gran maestro de Yoga y Escritor, Ramiro Calle, utilizaba esta técnica para tratar la Fobia a Volar en Avión de sus pacientes del siguiente modo:

**"Se trata de que durante todo el vuelo desees que el avión se caiga"**

El escritor se reía porque narraba que ninguno de sus pacientes lo había conseguido… y continuaba en el mismo tono de humor explicando que si alguno lo había conseguido no era válido porque no se lo había contado.

Ser dueños de nosotros mismos, **"ser los Jefes" de nuestros pensamientos y nuestras Emociones.** En esta línea y con este sentido creé mi blog: **sermijefe.es,** lugar al que te invito y en el que comparto experiencias, cursos, artículos y vídeos sobre muchas de las recetas que te comunico en este libro.

Te reitero, querido lector, que estos ejercicios funcionan si nos entrenamos y los practicamos. **No creo en las fórmulas**

**mágicas**, creo en el trabajo y en la constancia, me gusta ser muy respetuoso en este sentido y no crear falsas expectativas.

Es como aquel deportista que se entrena cada día y corre versus aquel aficionado que un día sale a correr y no vuelve a hacerlo hasta dentro de 6 meses. Es imposible que obtenga éxito, con estos ejercicios ocurre igual.

Plantéate, pues, ¿qué ganas si los haces? ¿En qué mejora tu Vida? ¿Qué miedo superarás? El premio es la serenidad y el autocontrol emocional. **¡Merece la alegría!**

# CLAVE III

# 3) GÁNATE TU CONFIANZA

*"Vivir la Vida sin Confianza es imposible. Es como estar aprisionado en la peor de todas las celdas, tú mismo"*

**Graham Greene**

Ser cariñoso con uno mismo y aceptarse, esa es la clave.

¿Acaso la vida es perfecta para otros? ¿Son mejores que nosotros? ¿Más inteligentes, más guapos, con más talento? ¿Su infancia fue más feliz que la nuestra?

La respuesta a estas preguntas es, seguramente, **NO.**

Las personas con una alta autoestima tienen las mismas dudas, los mismos desencantos, los mismos sinsabores de la vida y, por supuesto, dudan, como lo hacemos nosotros. Su éxito radica en cómo interpretan lo que les sucede, en cómo se lo cuentan a sí mismos, en no ver estas situaciones como fracaso, sino como aprendizaje.

La característica más poderosa de las personas con una alta autoestima es que, en términos generales, o en un sentido global, están satisfechas consigo mismas y son capaces de ser cariñosos e indulgentes con sus defectos.

Todos tenemos debilidades, áreas de mejora en las que podemos crecer y es necesario que lo veamos más como un reto a alcanzar que un defecto.

**Formúlate preguntas capacitadoras:**

• ¿Qué puedo hacer en este momento, que no esté haciendo, que con constancia supondría una mejora personal en mi vida?

• ¿Cuál es el primer paso que puedo dar?

• En esta situación ¿qué depende de mí?

Estas preguntas son poderosas y nos enfocan hacia las soluciones y despiertan en nosotros emociones positivas.

**En vez de las preguntas o afirmaciones limitantes:**

• ¿Por qué no lo consigo?

• ¿Por qué soy así?

• ¿Por qué siempre me pasa esto?

• No PUEDO hacerlo.

• No soy capaz.

Ante las que nuestro cerebro, se encargará de darnos respuestas que apoyarán las ideas que plantean dichas preguntas. Por eso dirige tu mirada hacia las preguntas con poder y que te enfoquen hacia los aspectos positivos de tu vida, que son muchos.

# Decálogo de Louise L. Hay

En su libro **"Amar sin condiciones"** brinda 10 pasos a seguir para generar esa **autoconfianza:**

**1. Deja de criticarte.** Acéptate tal y como eres. Cuando te censuras, tus cambios son negativos. Cuando te apruebas, tus cambios son positivos.

**2. No te asustes.** Deja de atemorizarte por tus pensamientos. Selecciona alguna imagen mental que te brinde placer e inmediatamente reemplaza el pensamiento nocivo por uno agradable.

**3. Sé amable, sosegado y paciente.** Pórtate bien contigo mismo. Trátate como tratarías a una persona a la que verdaderamente amas.

**4. Sé tolerante con lo que piensas.** El odio a uno mismo es el odio a los propios pensamientos. No te odies por pensar lo que piensas.

**5. Quiérete.** La crítica destruye tu espíritu interior. El elogio lo siembra. Felicítate por lo bien que haces las cosas, por más insignificantes que sean.

**6. Apóyate en los que te quieren.** Cuenta con tus amigos y déjate ayudar. Es una virtud pedir ayuda cuando se necesita.

**7. Sé comprensivo con tus debilidades.** Las creaste para satisfacer necesidades. Ahora estás encontrando formas nuevas y positivas de satisfacer esas mismas necesidades.

**8. Mima tu cuerpo.** Descubre cuál es la nutrición ideal para ti. Haz ejercicio, cuida y adora el templo en el que vives.

**9. Mírate en el espejo.** Descubre tus ojos. Expresa el amor que sientes por ti. Perdónate mirándote al espejo. Conversa con tus padres mirándote al espejo. Perdónalos también.

**10.** **¡Comienza ahora!** Ahora es el mejor momento, no esperes a perder peso, ni a tener el empleo soñado o una relación ideal. Empieza ahora a poner acción y da lo mejor de ti.

# Ejercicio 10: "Mi árbol y Yo"

Aprovechando el título de una preciosa canción de Alberto Cortez. (Ejercicio dedicado a mis amigos **Chimo Villena** y **Manolo González**)

**Tiempo:** 45 minutos

**Instrucciones:**

Los materiales necesarios son papel y boli/ lápiz y tu capacidad de imaginar y de ahondar en ti mismo.

• En primer lugar, debes hacer una lista de aquellos **valores o cualidades positivas** que tengas, pueden ser tanto personales como sociales, físicas o intelectuales. Si necesitas ayuda o te quedas en blanco pide opinión a una persona que te conozca bien y que te aprecie.

- En segundo lugar, elabora otra lista con los **logros que hayas conseguido en la vida**, sobre todo aquellos que para ti sean significativos, da igual si son grandes o pequeños.

- En tercer lugar, elabora una lista con aquellos **apoyos** que te hayan ayudado a conseguir los logros, pueden ser personas, hechos, situaciones, cualidades.

- En cuarto lugar, dibuja tu árbol con raíces y frutos en un folio, debe ocupar toda la hoja.

- Y coloca aquello que hayas puesto en las 3 listas en sus respectivos lugares, raíces, frutos y tronco.

**El árbol somos nosotros.**

• Las raíces las motivaciones, valores e identidad para emprender ese camino.

• El tronco es el camino, aquellas cualidades y apoyos que nos ayudan a que ese tronco se haya hecho fuerte para conseguir esas metas.

• Los frutos son los logros o metas.

Ahora reflexiona sobre él, te vas a sorprender de la cantidad de aspectos positivos que tienes y nunca te habías parado a pensar.

**Objetivos:**

Trabajar nuestra autoestima, reconocer tus logros para que te autovalores mucho más, ¡nada más y nada menos! Es muy potente y una herramienta muy utilizada en el mundo del Coaching.

Los comentarios de los participantes de mis cursos son siempre muy positivos al hacer este ejercicio, porque descubren en sí mismos logros que habían olvidado y el trabajo y esfuerzo que les había costado lograrlo.

- Te recomiendo que cuando lo tengas hecho le pidas a una persona que te quiera que te aporte más elementos para tus listas, siempre suelen olvidársenos cosas o somos muy modestos.

CLAVE IV

# 4)AUTOMOTÍVATE

*"Si perdiera la Confianza en mí mismo
tendría al Universo en mi contra"*

**Ralph Waldo Emerson**

*¿De quién depende la motivación?
¿De nosotros mismos, de factores externos?
¿De nuestra pareja? ¿De nuestro jefe?*

El día que nuestra motivación depende de otra persona, estamos perdidos.

## 💡 "Yo soy yo y mi circunstancia"

Esta frase extraída del libro de **Ortega y Gasset,** Meditaciones del Quijote en 1914, ha sido utilizada hasta la saciedad.

Sin embargo, la frase es incompleta, es un determinismo, un conformismo, que viene a decirnos que todo lo que nos sucede no sólo depende de nosotros sino también de la circunstancia o circunstancias. Y en muchos casos es más fácil achacarlo todo a los demás o lo azaroso de nuestra vida.

Por tanto, la coartada es perfecta para echar la culpa a las circunstancias. Y lo curioso del asunto es que la frase anteriormente citada está incompleta, su sentido global y original es este:

*"Yo soy yo y mi circunstancia y si no la salvo a ella, no me salvo yo"*

**¿Cambia, ¿verdad? ¡Y mucho!**

# "La Raqueta de Rafa Nadal"

El tío de Rafa Nadal, Toni Nadal, cuenta que, siendo muy pequeño Rafa, lo acompañó junto con un amigo de éste a un Torneo de Tenis y por no discriminarlo iba observando ambos partidos a la vez, alternando a ratos.

En uno de los momentos en los que observaba al amiguito de Rafa, alguien se le acercó y le dijo:

¡Toni, tu sobrino tiene la raqueta con un agujero en las cuerdas! y sigue jugando, no se ha dado cuenta.

Toni, asombrado, se acercó a la otra pista donde jugaba Rafa y, efectivamente, comprobó que la raqueta tenía un agujero. Alertó a Rafa en voz alta, diciendo:

¡Rafa, la raqueta está rota!

A lo que Rafa le contestó: "No me había dado cuenta, pensé que estaba jugando mal, como siempre me has enseñado que el responsable de mi juego y de lo que me pasa soy yo..."

Rafa no podía pensar que la responsabilidad de su mal juego dependía de una causa externa. Y su perfeccionismo llega a tal extremo que cuando entrenaba, si cometía algún error paraba para aprender dónde se había equivocado...

**Rafael Nadal** es un ejemplo como deportista y como persona, por su respeto a sus rivales, por su saber estar en todas las circunstancias y por su **resiliencia.**

A pesar de que las lesiones le han minado en los últimos años, ha seguido luchando y ha sabido levantarse para volver a ser de nuevo el número 1 del mundo en el año 2017.

**¡Todo un ejemplo a seguir!**

# La historia de Viktor Frankl

El padre del famoso término "Proactividad", Psiquiatra, neurólogo y escritor austriaco, del famoso y delicioso libro, **"El Hombre en busca de Sentido", Viktor Frank**l decía una frase que la he utilizado en innumerables cursos para "provocar" a mis alumnos, principalmente porque es una frase que despierta polémica:

*"Cuando no puedas cambiar las circunstancias que te rodean, el reto está en cambiarte a ti mismo"*

Victor Frankl

Frankl, en la imagen, creador de la Logoterapia. Sobrevivió de 1942 a 1945 en los más duros campos de concentración nazis, tanto Auschwitz como Dachau. En esas condiciones tan penosas, tan lamentables, no sobrevivían los más fuertes físicamente, sino aquellos que mentalmente "no se dejaban morir".

En el momento en el que fue apresado llevaba un manuscrito de un libro y los soldados nazis se lo quemaron. ¿Frankl se rindió?... ¡NO!, lo reescribió en hojas de papel higiénico.

En uno de los momentos más críticos de su cautiverio y cuando también estaba a punto de dejarse morir, tumbado en el suelo, desfallecido, casi inerte y con una ametralladora apuntándole sin piedad, una imagen le vino a su mente y fue la que salvó su vida.

En la imagen se veía a sí mismo impartiendo una Conferencia ante muchas personas contándoles lo sucedido y explicando cómo había logrado sobrevivir. De repente, una inexplicable fuerza lo invadió y se levantó del suelo.

Incluso en esas condiciones tan extremas, el ser humano puede decidir cómo afronta la situación. Es una cuestión de libertad, de responsabilidad, aunque no podamos cambiar las circunstancias sí podemos elegir o decidir cómo afrontarlas.

Es un sentido de vida, una libertad última, fiel reflejo del libro "El hombre en busca de sentido"

Muchos años después, Frankl tratando a sus pacientes depresivos, desespera

dos les preguntaba dejándolos atónitos: si tan mal está si tan

penosa es su

vida... **¿por qué no se suicida?**

A lo que el paciente, perplejo, le decía: ¡no lo puedo hacer!, mi mujer, mis hijos... a lo que Frankl le interrumpía: ¡pues luche por ellos! ¡ése es el sentido de su vida!

*"Quien tiene un porqué, encuentra un*

*cómo"*

**Víctor Frankl**


*No dejes que tu pasado, sea cual sea,*

*oscurezca tu*

*visión de un futuro brillante*

**Alex Rovira**

# Ejercicio 11: "Me gusta / No me gusta"

**Tiempo:** 5 minutos

**Instrucciones:**

- Piensa en dos actividades de tu vida cotidiana, una que te guste hacer y otra que odies.

- Por ejemplo, te puede encantar jugar al ajedrez y odias planchar la ropa.

- Ahora comienza a pensar en los contras, en aquellas cosas que no te gustan de la actividad que te encanta.

- Y piensa después en todos los pros, en todas las ventajas, que tendría, por ejemplo, planchar.

Tras dedicar un rato al ejercicio descubriremos que empezamos a experimentar sensaciones desagradables con la actividad que nos encanta y a tener sensaciones agradables con aquella actividad que odiamos.

**Objetivo:**

- Demostrar que todo está en nuestra cabeza, dentro de nosotros y con nuestros pensamientos y sentimientos podemos influir positiva o negativamente, cambiando nuestro estado anímico.

- El ex Futbolista, Conferenciante y Escritor **Jorge Valdano** decía:

**"El fútbol es un estado de ánimo "**

*"No olvidemos que las pequeñas emociones son los grandes capitanes de nuestras vidas y las obedecemos sin darnos cuenta"*

**Vincent Van Gogh**

# CLAVE V

# 5) LIDERA TU VIDA

*"Solo triunfa en el mundo quien se levanta y busca las circunstancias, y las crea si no las encuentra"*

**George Bernard Shaw**

*"No nos da miedo emprender ciertas cosas porque sean difíciles. Son difíciles porque nos da miedo emprenderlas"*

**Séneca**

Se trata de "elegir el rumbo de nuestra vida", el destino al que queremos ir. Como decían los clásicos:

**Es muy importante trazar una hoja de ruta y saber hacia dónde queremos llegar.**

# ¿Qué es lo que quieres conseguir?

Cuando hablamos de lo que queremos conseguir la palabra **objetivo** se nos viene casi encima de nosotros. Siempre que hablo de ellos me gusta usar un acróstico en español (sé que existe el famoso método SMART)

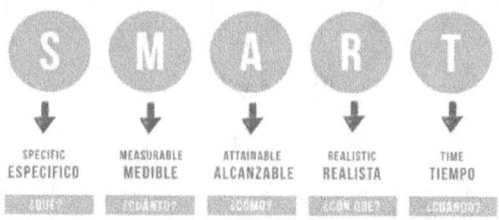

Te comparto el método que aprendí hace algunos años, relacionándolo con el SMART:

**MÉTODO** "CREMA" para alcanzar **OBJETIVOS:**

(lo complemento con la pregunta que propone el método **SMART**)

Con fecha de cumplimiento

Tiempo: ¿Cuándo?

Realistas

¿Con qué?

Específicos

¿Qué?

Medibles

¿Cuánto?

128

Alcanzables

¿Cómo?

Para poder Liderar o Proyectar los objetivos que queramos alcanzar es fundamental conocer cuál es nuestro Punto de Partida actual. Para ello te traigo un nuevo ejercicio con el que conseguirás retratar en pocos minutos cómo es tu vida en este momento.

Aunque no hablaremos de cifras concretas, ya sabes que aquello que no se mide no se puede mejorar.

# "La Rueda de la Vida"

Hay un famoso libro con idéntico título de **Elisabeth Kübler Ross,** psiquiatra y escritora suizo-estadounidense, una de las mayores expertas mundiales en la muerte, personas moribundas y los cuidados paliativos.

Elisabeth ayudó a muchos familiares a manejar su pérdida, para saber cómo enfrentarse a la muerte de un ser querido, les explicó cómo apoyar a la persona en agonía, lo que debía hacerse en esos difíciles momentos y lo que debía evitarse.

**Elisabeth** siempre hacía la misma pregunta a sus pacientes:

**¿Si pudieras repetir de nuevo tu vida qué cambiarías?**

Pongámonos en situación, esta pregunta se la hacía a personas que estaban a punto de morir. ¿Sabes lo que decían, casi todos, mayoritariamente?

**"¡Sería más atrevido!"**

Te confieso que esa frase me impresiona y a la vez me motiva. Por eso quiero compartir contigo esta habitual herramienta de Coaching, la cual te servirá para identificar cómo te sientes en este momento y qué nivel de satisfacción tienes en los aspectos más importantes de tu vida.

Pero no sólo para que lo sepas, sino para que puedas tomar acción y cambies lo que no te guste.

**¿Te "atreves" a ser más atrevido?**

# Ejercicio 12: "La Rueda de la Vida"

**Tiempo:**     5     minutos

**Instrucciones:**

• Como puedes observar en el siguiente diagrama aparecen 8 aspectos clave de nuestra vida.

• **¡Muy importante!** En este ejercicio no existen las respuestas o valoraciones perfectas, lo ideal es que lo rellenes sin pensar en cuál es la valoración ideal, sino en la que más se ajuste a la realidad, aunque te incomode.

• Se trata de trazar una línea en cada parcela de 0 a 10 (desde dentro de la circunferencia hacia afuera) según tu grado o nivel de satisfacción en cada ámbito.

- Si marcas esa línea muy cerca del centro significa que tienes recorrido o margen de mejora y si casi te sales del círculo indicará que estás plenamente satisfecho en esa parcela.

- Te voy a dejar una página web en la que lo puedes hacer directamente con una hoja Excel, de manera completamente gratuita, cortesía de Pablo Franzo en Internet.

**http://blogdelcoach.com/rueda-de-la-vida-coaching/**

He de confesar que para sacar a mis alumnos de su zona de confort siempre he hecho que desde el principio del curso tuvieran que presentarse de pie ante todos.

Siempre me ha gustado introducir algún elemento lúdico para **"romper el hielo"** y para que no fuese tan intimidante. Ya que te cuento esta anécdota comparto contigo la dinámica que llevaba a cabo en todos mis cursos para **"romper el hielo"**, y después seguimos abordando el interesante universo del miedo.

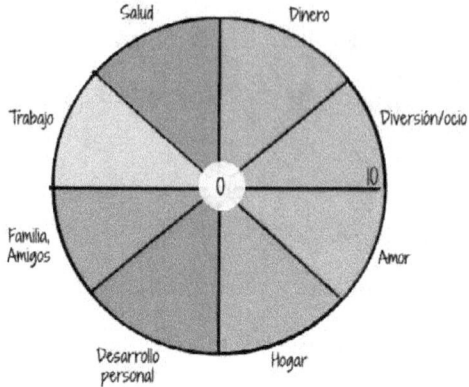

• Tras completar tu valoración une todas las líneas tal y como ves en la siguiente imagen de ejemplo.

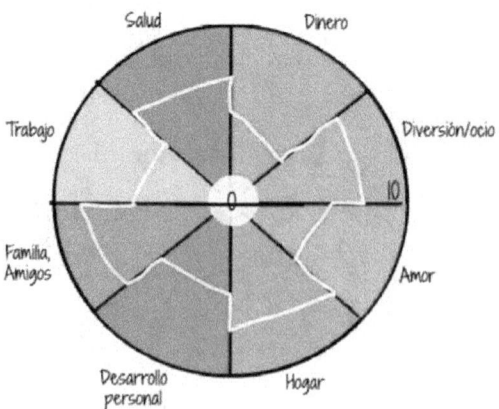

- En este ejemplo observas que aparece una forma irregular. La pregunta que hemos de hacernos es: imagina que es una pelota o balón, si la echas a rodar ¿rodaría?

- Si se mueve con dificultad significa que tenemos áreas donde podemos crecer o mejorar.

- Es importante destacar que este ejercicio lo podemos hacer en diversos momentos de nuestra vida para ver si se han producido cambios.

- Lo más relevante es que de "un solo vistazo" se nos muestra ante nuestra mirada esas áreas de nuestra vida en la que podemos mejorar.

Esta dinámica la puedes relacionar con el apartado de los objetivos que desarrollamos anteriormente, al objeto de identificar en qué aspecto queremos mejorar y qué objetivos **"CREMA"** plantear.

Te recuerdo que te puedes descargar el recurso gratuito aquí, para hacerlo online.

# Tengo Miedo, luego existo

*"Ninguna pasión elimina tan eficazmente la capacidad de actuar y de razonar de la mente como lo hace el miedo".*

**Edmund Burke**

*"Pensar no va a superar el miedo, sino la acción"*

**W. Clement Stone.**

Cuando hablamos del **Miedo,** me viene a la memoria todos aquellos cursos de "Hablar Eficazmente en Público" que he impartido en estos años y el miedo era uno de los principales protagonistas desde el inicio de dichas sesiones.

He de confesar que para sacar a mis alumnos de su zona de confort siempre he hecho que desde el principio del curso tuvieran que presentarse de pie ante todos.

Siempre me ha gustado introducir algún elemento lúdico para **"romper el hielo"** y para que no fuese tan intimidante. Ya que te cuento esta anécdota comparto contigo la dinámica que llevaba a cabo en todos mis cursos para **"romper el hielo"**, y después seguimos abordando el interesante universo del miedo.

# Ejercicio 13: "La Silla Musical"

**Tiempo:** 5 ó 10 minutos, depende del número de participantes.

## Instrucciones:

• Es una adaptación del famoso juego de la Silla en el que ponemos unas sillas vacías unidas, tocando respaldar con respaldar y siempre ha de ser una silla menos que los participantes en el juego.

• Se inicia diciendo a los jugadores que va a sonar una música (cuanto más divertida o rítmica sea mejor, si es un éxito del momento es ideal porque irán bailándola en torno a las sillas) y que cuando deje de sonar todos han de sentarse en las sillas, el que se quede de pie se presenta ante los demás.

- A medida que van saliendo jugadores se van presentando y han de retirar una silla hasta que quedan sólo dos personas para una silla.

- Siempre me ha parecido una dinámica divertida porque en ocasiones casi dos personas se sentaban en una misma silla y sobre todo porque las risas aparecen desde el principio.

- La sonrisa relaja, elimina tensiones y aleja el miedo. Ése es mi objetivo con esta dinámica, "romper el hielo"

- Si trabajas con grupos de personas, te lo recomiendo, es muy gratificante y efectivo.

 # Definiendo el Miedo:

Tenemos que discernir entre dos tipos de miedos:

- **1. Miedo real:** el cual es positivo, porque nos alerta. Puede ser provocado por un sobresalto o un imprevisto que se presenta ante nosotros o con mayor gravedad, una situación de **pánico.** Este miedo se ubica en el **PRESENTE.**

- **Por ejemplo**, voy a exagerar un poco, si caminas por un Zoológico y un León se ha escapado de su Jaula y se dirige hacia ti. Este es, evidentemente, un miedo objetivo, racional y tu cerebro reptiliano (el de la supervivencia) hará todo lo posible por ponerte a salvo como sea.

- Un fuerte golpe, un enorme ruido, un terremoto, etc. En definitiva, cualquier circunstancia poco habitual o imprevista que altere nuestro estado emocional y que puede desencadenar una escena de **pánico** y de huida.

Para ese tipo de Miedo no me atrevo a darte ninguna receta puesto que no me considero especialista en la materia. Abordaremos, pues, algunas estrategias efectivas para el segundo tipo de miedo que te presento a continuación.

- **2. Miedo Psicológico o premonitorio,** también llamado **Irracional:** aquí se

sitúan la ansiedad, el estrés, las fobias y las preocupaciones. Este miedo
está instalado imaginariamente tanto en el **FUTURO** como en el **PASADO.**

- En síntesis, es cuando sentimos miedo antes de que la situación estresante o amenazante se haya producido o después de ésta porque la revivimos sin cesar, en bucle.

- Antes hablaba del miedo imaginario, pero realmente para nuestro cerebro y nuestro cuerpo es como si lo viviésemos en realidad, de hecho, pueden aparecer sofocos, sudoraciones, temblores, malestar y **MIEDO**… si no lo resolvemos y no lo alejamos de nuestro pensamiento.

- ¿Qué **antídotos** podemos utilizar? Te recomiendo los **ejercicios 4 y 9** que vimos en el Módulo de **Regulación Emocional.**

- Observa esto último que te acabo de decir, porque precisamente los miedos premonitorios o anticipatorios tienen mucho que ver con el manejo de nuestras **emociones** y a la vez con nuestra capacidad (la cual podemos entrenar **-ejercicio 9-** ) de detener la cadena de **pensamientos negativos**, de preocupación o de "pensamientos en bucle".

Esta es la definición que más me gusta acerca del Miedo:

"El miedo es la **Ausencia** de **Presencia**"

Por tanto, dejamos de estar en el presente y si no estamos en el presente nos alejamos de tomar o poner **ACCIÓN**. De hecho, el miedo inhibe la **ACCIÓN**, nos paraliza, incluso cuando anticipamos lo que nos puede llegar a suceder u ocurrir.

Regresemos al Miedo a Hablar en Público, también denominado **"Miedo Escénico".** A lo largo de mi carrera me he encontrado con personas de una enorme valía profesional pero que se sentían incapaces de hablar en público y que incluso se negaban a hacerlo, lo cual tiene nombre: **lalofobia.** Dichos profesionales, en muchos casos, no conseguían ascender profesionalmente, precisamente por esta debilidad (que se puede corregir).

Existen 3 niveles en el miedo a Hablar en Público:

• **Cognitivo:** aquí se ubican todos los pensamientos verbales o imágenes que crean emociones o sensaciones negativas, las autoevaluaciones limitantes ("no

voy a ser capaz" "me quedaré en blanco")

• **Somático:** nuestro cerebro lo que imagina con intensidad lo "vive" como si fuese real, por tanto, el ritmo cardíaco se acelera, hiperventilamos y respiramos más rápido, aparecen los temblores, sudores, se seca la boca. La "boca seca" es sinónimo de miedo o ansiedad.

• **Conductual:** es como si los dos niveles anteriores fuesen vagones y este último el motor del tren. El cual, en vista de los antecedentes, evita hablar en público, le tiembla la voz, tartamudea, se equivoca frecuentemente e incluso se bloquea y no le sale ni la voz.

Algún caso se conoce de algún orador que lo llegó a pasar tan mal que salió huyendo de la escena dejando a los asistentes estupefactos. Pues, querido lector, en este escenario que estamos planteando y en esta obra hay un protagonista, el **MIEDO** y un actor secundario muy importante, las **EMOCIONES**.

Bien, hemos hablado en este módulo de Liderar nuestra vida, de la importancia de plantearnos objetivos, de conocer cuál es nuestra situación actual para poner foco en aquellas áreas que podemos mejorar y, por último, hemos hablado del Miedo, ese compañero de camino, el cual es positivo porque nos alerta y nocivo cuando está instalado en el pasado o en el futuro, porque no nos permite tomar **ACCIÓN**.

 # "Vendo, luego Existo"

Hace un instante hemos hablado del **Miedo**. Derribar esa barrera nos permite comunicar con seguridad nuestro Proyecto o Negocio, consigue que nos elijan a nosotros y no a otros o dirigirnos con confianza a otras personas.

Porque una eficaz Comunicación en Público **abre** Ventas y la primera **Venta** que se hace no es la de nuestro producto, servicio, proyecto o negocio, sino **la de nosotros mismos**, porque generamos **CONFIANZA.**

**Paul Watzlawick**, uno de los padres de la Teoría de la Comunicación Humana, decía:

**"Es imposible no comunicar"**

Si le damos la vuelta a la frase anterior podemos afirmar que **"Siempre estamos comunicando"**. Detente a pensarlo por un instante, y te darás cuenta que sin hablar nos comunicamos constantemente, con nuestros gestos, con una mirada, con el tono de la voz, un silencio, incluso con nuestra vestimenta, un tatuaje, una forma de llevar el cabello, un pendiente en la oreja…etc.

Bajo mi punto de vista, con la venta sucede igual, aunque no queramos o no seamos conscientes…

 # "Siempre estamos vendiendo"

En el caso de un vendedor parece evidente que ha de ser así, pero, sin embargo, **la primera venta que ha de realizar es la de sí mismo**, no del producto o servicio, sino la de sí mismo.

El cliente permanece "alerta" consciente e inconscientemente a cómo se desenvuelve el vendedor, si le merece credibilidad, si es confiable, si dice la verdad, si exagera o no, si sabe de lo que habla, si actúa con confianza, si tiene ansiedad por vender…etc. Y toda esta secuencia acontece en décimas de segundo.

Los consumidores solemos comprar a las personas con las que conectamos, o a las empresas que consiguen conectar con nosotros, con nuestra forma de entender el mundo o con nuestros valores.

*"Aunque parezca mentira, es un error muy común lanzarse a vender, antes de ganarnos la confianza de nuestros potenciales compradores"*

**Robert Aylant**

# Para Vender NECESITAS SABER ESCUCHAR.

Lo más usual es creer que exponiendo ventajas, características o beneficios de un producto o servicio convenceremos a nuestro cliente, y no es así. Primero tenemos que escuchar las necesidades de la persona para conocerle más y, en el momento adecuado, adaptar nuestra oferta.

**Escuchar a las personas**, me salgo un poco del ámbito comercial, es el paso previo para **conseguir influencia**. Piénsalo por un instante, cuando te sientes escuchado tiendes a confiar más en la persona que **te respeta** y pacientemente, sin interrumpir, **te escucha**.

Es una interacción silenciosa, a nivel inconsciente comenzamos a sentirnos a gusto con esa persona que nos presta su atención. Sin querer entrar en tecnicismos, esto es lo que algunos expertos denominan Rapport, es cuando se produce la conexión y la sintonía entre dos personas, en estos casos es cuando la venta se produce de una manera muy natural e incluso el "cierre" lo hace el propio cliente.

¿Sabes por qué sucedió eso? Porque el experto vendedor no cerró la venta, sino que **la abrió**. Se trata de abrir, abrir relaciones, abrirse a otros puntos de vista, lo cual se consigue cuando escuchamos más de lo que hablamos, cuando generamos conversación.

**Recuerda que, a las personas les gusta mucho hablar... de sí mismas.**

*"Quien habla mucho de sí mismo no aprende de los demás y, además, resulta aburrido para estos"*

**Robert Aylant**

Volviendo al inicio de la píldora "Vendo, luego Existo", **los buenos Líderes son excelentes vendedores**, porque saben conectar con las personas e influir en ellas y además los convierten en seguidores.

Pensando en algún líder, me viene a la mente la imagen de **Steve Jobs** presentando el nuevo IPhone. Sin duda alguna era un excelente vendedor y su puesta en escena era maravillosa.

# ¡No me hables de Vender, que no me gusta Vender!

Que levante la mano el que haya escuchado esta afirmación alguna vez… jejeje. ¡Seguro que tú también la has escuchado!

**¿Por qué sucede esto?**

Se sienten libres y, por tanto, si han de comprar comprarán. Y repetirán, porque querrán volver a tener la misma experiencia. Y, en algunos casos, lo de menos será el producto, a los seres humanos nos gusta rodearnos de personas que nos hagan sentir bien.

## ¿Y qué ocurrirá si la siguiente vez el vendedor que les atendió no está?

Alguno preguntará por él, y dirá "Bueno, pues ya vendré otro día" o se quedará, pero ya no será lo mismo, salvo que el mismo estilo esté presente en todos los vendedores, cual orquesta perfectamente sincronizada. Si esto sucede, el cliente registrará en su archivo emocional dicha experiencia y no comparará precios, se quedará con la persona.

## ¿Qué precio tiene que una empresa, persona o servicio nos haga sentir bien?...

*"Acércate a cada cliente con la idea de ayudarlo, resolverle su problema o*

*lograr su meta y no para venderle un producto o servicio"*

**Brian Tracy**

Sucede porque confundimos la palabra **CONVENCER** con **VENDER.** Y, claro está, ya solo el simple hecho de tener que convencer a alguien nos agota antes de empezar. Sé que hay muchos tenaces (alguna vez me encontré entre ellos) que disfrutan persuadiendo y convenciendo, porque no deja de ser un reto y un logro **CON-VENCER** a alguien.

Hoy en día, me parece más inteligente generar conversación, conectar con las personas, abrir relaciones y que de esa **ESCUCHA INTER ACTIVA** (es para hacerle un guiño a la conocida Escucha Activa) encontremos, juntos, puntos de encuentro que construyan relaciones **GANO/GANAS** duraderas en el tiempo.

La **ESCUCHA INTER ACTIVA** (también llamada Escucha Empática) sirve para escuchar en base a los intereses de la otra persona, no sólo en base a los míos. Esta es la clave

151

de la **CONFIANZA** que se instala en esa interacción o relación.

# ESCUCHAR PARA COMPRENDER

Una de las más acuciantes necesidades humanas es la de sentirse comprendido, la cual no es sinónimo de que nos den la razón o aprueben nuestro parecer, queremos que nos comprendan y que se pongan en nuestro lugar.

Como observarás, querido lector, estoy hablando de las Ventas de una manera muy global o genérica, porque la venta no solo se alimenta de productos o servicios, sino que también se nutre de **IDEAS, PROYECTOS, PROPUESTAS o PERSONAS.**

Así que ya sabes, si eres **Emprendedor** y tienes un proyecto o idea excepcionales y estás ante un **posible comprador** de tu idea, no le convenzas, genera conversación, crea conexión e interésate por lo que **él** está buscando. Ya verás cómo su capacidad de escucha hacia ti crece enteros y su predisposición a comprar será mayor.

Hablo en sentido global, claro está, dependerá del contexto y **el que conoce mejor tu contexto eres TÚ.**

Me viene a la mente aquel momento sublime en que uno de mis alumnos, Anyelo, en Chiclayo, (Perú) en un receso de la sesión me contaba que, para él, vender por teléfono era un absoluto ejercicio de seducción. Yo seguí escuchándole con atención mirándole a los ojos para que siguiera hablando. Y prosiguió:

"Cuando tienes a un cliente al teléfono le **hablas al oído, con tu voz,** es un momento mágico en el que puedes seducirle con tus palabras, con tu manera de decir, con tu énfasis, tu entusiasmo y pronunciando su nombre, nada más y nada menos"

Es un ejercicio maravilloso que los profesores recibamos lecciones por parte de nuestros alumnos. Y muy sano, por cierto.

# Vender es un acto de AMOR…

…Protagonizado por un vendedor o Emprendedor que quiere hacer feliz a su cliente, que se olvida de sí mismo, puesto que se entrega y le pone toda la pasión para que el producto, Servicio, Proyecto o Solución sea lo que el cliente espera o, sin saberlo, necesite y tenga la máxima **CALIDAD.**

A este tipo de Vendedores y Emprendedores, les gusta hacer sentir bien a las personas, son Gerentes de su Vida: elijen sonreír, se alegran cuando el cliente llega a su tienda, tienen una actitud orientada a buscar soluciones, son positivos, halagan de manera sincera y se sienten orgullosos de su trabajo. Dan más de lo que el cliente espera.

### ¿EXISTEN? ¡Sí!

Si miramos con los ojos del corazón sí que los descubrimos. Se delatan por su mirada acogedora, una sonrisa que busca provocar la tuya, un ser que de manera natural hace que salgas de su tienda o tras su conversación mucho mejor de lo que entraste.

No imponen su punto de vista y más que expertos son facilitadores. Ayudan a que el cliente tome la mejor decisión. ¿Influyen en ellos? Claro que sí, pero de una manera muy sutil.

## ¿Y CÓMO SE SIENTEN ESTOS CLIENTES?

Se sienten libres y, por tanto, si han de comprar comprarán. Y repetirán, porque querrán volver a tener la misma experiencia. Y, en algunos casos, lo de menos será el producto, a los seres humanos nos gusta rodearnos de personas que nos hagan sentir bien.

**¿Y qué ocurrirá si la siguiente vez el vendedor que les atendió no está?**

Alguno preguntará por él, y dirá "Bueno, pues ya vendré otro día" o se quedará, pero ya no será lo mismo, salvo que el mismo estilo esté presente en todos los vendedores, cual orquesta perfectamente sincronizada. Si esto sucede, el cliente registrará en su archivo emocional dicha experiencia y no comparará precios, se quedará con la persona.

**¿Qué precio tiene que una empresa, persona o servicio nos haga sentir bien?...**

*"Acércate a cada cliente con la idea de ayudarlo, resolverle su problema o lograr su meta y no para venderle un producto o servicio"*

# CLAVE VI

# 6) OFRECE
# RECONOCIMIENTO

*"Quien no esté dispuesto a elogiar no tiene derecho a criticar"*

*"La excelencia no puede permanecer invisible"*

#  ¿Por qué nos cuesta tanto trabajo reconocer?

Llevo años haciéndome esta pregunta y me sigue sorprendiendo que nuestro cerebro esté más orientado a criticar que a elogiar.

Algunos científicos dicen que es por una pura cuestión de supervivencia, por eso dirigimos nuestra mirada más fácilmente hacia aquello que está mal.

#  "El Halago debilita"

Seguro que, como yo, lo has oído en múltiples ocasiones en boca de muchos líderes de equipos. Coincido con todos ellos, pero, humildemente, me atrevo a sugerirles que tengan presente que Halago y Reconocimiento son términos diferentes.

Por tanto, el Reconocimiento es un hábito sano y necesario en los equipos de trabajo, a veces olvidado, al amparo de frases del estilo:

**"La gente no necesita que le reconozcamos nada, para eso les pagamos"**

**"Es su trabajo"**

**"Se relajan si les reconoces tanto"**

**"No tengo tiempo para eso"**

**Según el diccionario:**

**halago**

*Nombre masculino*

**1.** *Alabanza generalmente exagerada e interesada que se hace a una persona para satisfacer su orgullo o su vanidad.*

*"antes de que se hiciera oficial mi cese, me llenó de halagos y de buenas palabras"*

**2.** *Hecho o dicho con que se satisface el orgullo o la vanidad de una persona.*

*"es un halago que me hayas elegido"*

**reconocimiento**

*Nombre masculino*

*1.Acción de reconocer o reconocerse.*

*2.Sentimiento que expresa la persona que reconoce o agradece un favor o bien recibidos.*

**"me gustaría expresarle mi reconocimiento por su contribución a nuestra obra humanitaria"**

*El matiz es que el Reconocimiento no es interesado, sino sincero, a diferencia del Halago, que exagera y sí es interesado, el objetivo es obtener algo a cambio adulando al halagado. Aclaradas las diferencias afirmo que:*

# "El Reconocimiento fortalece"

Tanto a la persona reconocida como al equipo u organización. La autoestima de la persona se ve reforzada y si eres Líder de un Equipo conseguirás la mejora del desempeño, gracias a la

 # "Ley de las 3 R"

- Una **RESPUESTA** que **REFORZAMOS** se **REPITE**.

Si eres padre, como yo, seguro que recuerdas cuando tu hijo se acercaba a ti tras hacer un bello dibujo en un folio y te mostraba orgulloso su resultado.

En cuanto le muestras tu felicidad por su obra y lo alabas, no han pasado ni 3 minutos y regresa con otro dibujo de nuevo. ¿Para qué?

Pues igual que nos sucede a los adultos, para que nos reconozcan. Buscamos el reconocimiento y queremos que nos quieran, que nos aprecien.

*"Quien no esté dispuesto a elogiar no tiene derecho a criticar"*

*"La excelencia no puede permanecer invisible"*

El reconocimiento es ese saco que no tiene fondo, que nunca se llena. Todas las personas llevamos en la frente un cartel invisible que dice: **"me gusta ser importante"**, que me reconozcan mi trabajo, mis esfuerzos, dejar de ser invisible a los ojos de los demás.

**A***ristóteles decía:*

*"El hombre hace las cosas con un ojo puesto en algo más"*

Estoy seguro de que tienes algo que reconocer a alguien. Una persona a la que te gustaría darle las gracias por algo y nunca lo hiciste, por vergüenza, falta de tiempo, no lo sé.

**Te pregunto algo:**

 **¿Y si no tuvieses otra oportunidad?**

¡Atrévete y llama a esa persona, felicítala!

¡Agradece a ese amigo que tuvo un detalle contigo!

**¡No tiene precio hacer feliz a otro ser humano!**

# "La Costumbre de Reservar"

Recuerdo aquella triste historia del marido que junto a un amigo recogía las pertenencias de su mujer recientemente fallecida. Y le mostraba un conjunto precioso, una ropa interior, que ella había reservado, guardada en una bonita caja, para una ocasión especial.

Tristemente para ambos, esa ocasión especial nunca llegó y ya nunca se daría. Por eso le recomendaba a su amigo que, por favor, no reservase nada, que viviese hoy como si fuese el último día de su existencia...

Por favor, corre a felicitar a esa persona a la que tienes ganas de felicitar, llama a tu mujer y dile que la quieres, no tiene que ser ni el día de San Valentín ni nada por el estilo.

Llama a tus padres o a tus hijos y diles que los quieres, que lo son todo en tu vida. Felicita a tu hijo por la excelente nota que sacó ayer en un examen...

# Ejercicio 14: "Ofrece Reconocimiento"

**Tiempo:** de 5 a 10 minutos.

**Instrucciones:**

• Este es un buen ejercicio para hacerlo en grupo o en equipos de trabajo.

• Es importante que los participantes se conozcan, con el objeto de que el reconocimiento sea sincero y significativo.

• Propón a los asistentes que regalen unas palabras a cualquiera de los presentes. **Todos los participantes tienen que**

**ser reconocidos por alguien**, también el dinamizador o Líder del ejercicio, por supuesto.

- Ver las caras de los halagados no tiene precio y es importantísimo preguntarles:

  - ¿Cómo te sientes?

  - ¿Te gusta?

  - ¿Te lo esperabas?

- En muchos casos las personas se sorprenden y no se esperan tales palabras por parte de un compañero con el que conviven a diario.

**Objetivos:**

- Resaltar la importancia del reconocimiento y cohesionar a los equipos de trabajo.

**Sugerencia:**

- También se puede hacer en familia o entre amigos.

- Insiste al principio, las personas somos poco dadas a expresar nuestros sentimientos, pero cuando el grupo se anima, unos tras otros comienzan a regalarse halagos sinceros.

Mi experiencia realizando esta dinámica, en muchos de mis cursos, es simplemente maravillosa. Las lágrimas de emoción suelen ser las protagonistas y lo que no deja de sorprenderme es que, si yo no hubiese creado ese espacio, posiblemente, esas bonitas palabras jamás hubieran visto la luz.

Aparecen los abrazos espontáneos, el rubor por no estar acostumbrados a escuchar algo agradable de otra persona y porque como es algo natural y que surge se convierte en inesperado, por tanto, más agradable aún.

Recuerdo que con un equipo en Santa Cruz de Tenerife (España), uno de los participantes se acordó del Gerente del Equipo, el cual no estaba presente en la sala de formación, y quería dedicarle unas palabras. Ni corto ni perezoso se me ocurrió pedir el teléfono del Gerente y le llamé para decirle:

"Hola, soy David, estamos ahora mismo en pleno curso de Dinamización de Entornos Comerciales (creo recordar) y tengo una persona que te quiere decir algo.

Me puedo imaginar la cara de asombro de una persona al recibir una llamada de este tipo. ¿Has recibido alguna vez una llamada como esta?

Tras la llamada, todos rompieron en un sonoro aplauso y algún que otro pañuelo se dejaba ver.

Es muy gratificante. Te invito a que lo hagas, y como te sugería antes, lo puedes hacer también en tu casa, con tu familia. Lo más significativo para mí es que he podido comprobar el antes y el después de los equipos y cómo algunas relaciones que eran frías o inexistentes se convertían en cercanas.

Además. estoy plenamente convencido de que cuando una persona dice algo agradable sobre otra, ésta tiene ganas de conocerle más, de acercarse más a él. Es una respuesta, seguramente empática o de reciprocidad.

Recuerdo aquella canción del Cantante español Víctor Manuel que decía:

*Adónde irán los besos que guardamos, que*
*no damos dónde se va ese abrazo si no llegas*
*nunca a darlo donde irán tantas cosas que*
*juramos un verano*
*bailando con la orquesta prometimos no olvidarnos*

*Y el beso que te llega en aquella carta que nunca*
*esperabas como no está firmada miras distinto a las*
*compañeras Adónde irán los besos...*

Yo también me pregunto dónde irán los reconocimientos que no damos, aquellas palabras amables que nos guardamos sobre otras personas y... que les pertenecen, son de ellos, aunque no lo sepan y que les pueden cambiar la vida.

La de oportunidades en las que he escuchado decir a los participantes: "Muchas gracias, no me lo esperaba… estas palabras me vienen muy bien porque estoy atravesando un momento personal complicado, muchas gracias"

Y el broche de oro es pedir al grupo entero que se levanten de sus sillas y que entre todos le demos nuestros abrazos y nuestro apoyo.

Si este momento precioso sucede entre compañeros de trabajo que se ven cada día ¿Crees que algo cambiará a partir de ahora? ¡Claro que cambiará, doy fe de ello!

**¡RECONOCE, REGALA FELICIDAD!**

**¡ES GRATIS!**

# La importancia de aprender a Perdonar

Tengo la impresión de que perdonar es otra forma de ofrecer reconocimiento tanto, a los que en algún día nos agraviaron, como para "reconocernos" a nosotros mismos.

Saber perdonar nos hace libres, nos ayuda a vivir en paz y con calma interior. La vida es compleja para todos y generalmente los seres humanos actuamos en base a 3 motivaciones:

• Obtener placer.

• No sentir dolor.

• Para protegernos.

Por tanto, muchos agravios responden a dichos comportamientos.

La raíz de la palabra Perdonar es un derivado del verbo latino "donare", que significa **Dar**. Cuando damos, sin esperar nada a cambio, somos más libres, porque eximimos a los otros seres de la obligación de correspondernos. Y todo lo que venga, bienvenido sea...y, agradecidos por ello.

*"Cuando salí para ser libre, supe que, si no dejaba atrás toda la ira, el odio y la amargura, seguiría encarcelado"*
**Nelson Mandela**

## LA LEY DE LO INEVITABLE...de Yaguchi:

«Todos los problemas que surgen en la vida ocurren para hacernos dar cuenta de algo importante. Usted no tendrá nunca ningún problema que no pueda solucionar. Usted tiene la fuerza necesaria para resolver cualquier problema, el cual ocurre para que a través de su solución usted se dé cuenta de algo importante.»

Recomiendo la lectura del precioso libro "La Ley del Espejo" de **Yoshinori Noguchi.**

¡Gracias, **Mar**, ¡por recomendármelo!

# Ejercicio 15: "Saber Perdonar, saber soltar"

Como solía decir Suresh, el Faquir de la maravillosa novela de Ramiro Calle,

"El Faquir"

*"Hay que soltar, -soltar, soltar, soltar"*

En vez de acumular dinero, aferrarse a las cosas…

En el asunto que nos ocupa, perdonar es sinónimo de soltar, aligerar peso, para caminar más livianos por la vida.

Con el siguiente ejercicio vamos a aprender a soltar, a perdonar.

**Tiempo:** 30 minutos.

**Instrucciones:**

- Este es un ejercicio para hacerlo individualmente, en caso de hacerlo en-grupo o en equipos de trabajo (siempre individualmente y respetando la confidencialidad de cada persona)

1) Piensa en una persona o personas a las que te resulte difícil perdonar y que tengas la sensación de que si lo hicieses te sentirías mejor.

2) Escribe el nombre o sus nombres en un folio.

3) Ya sea una o varias personas las elegidas, escribe en el folio dedicado a esa persona concreta todo lo que pienses sobre ella, puedes insultar, que no te dé reparos, hazlo para soltar y desahogarte (además, esa persona no se va a enterar...)

4) Si te emocionas, mejor, es sano expresar lo que sentimos, sigue soltando.

**5)** Ahora piensa que motivó o qué te hizo esa persona que no puedes perdonar.

**6)** Ponte por un instante en su piel e imagina por qué lo hizo.

**7)** A la vez que lo vas escribiendo intenta comprender la equivocación de aquella persona, su inmadurez o su torpeza.

**8)** Las personas actuamos para sentir placer o evitar el dolor, más que en la acción en sí intenta empatizar con su motivación, si fue por placer o para evitar dolor.

**9)** Intenta empatizar de nuevo, pensando que en alguna ocasión tú también has actuado en base a esas motivaciones.

**10)** Ahora te pediré algo más complicado, pero es importante que lo hagas:

piensa qué le puedes agradecer a esa persona, qué hizo por ti alguna vez, por pequeño que sea (aunque te cueste trabajo reconocerlo)

**11)** Hecho todo lo anterior, ahora en voz alta declara lo siguiente: *"Para mi paz, felicidad y libertad perdono a...*

**12)** Continúa después diciendo en voz alta: "Perdono a... (Repite simultáneamente el paso 11 y 12 durante 10 minutos)

• "Para mi paz, felicidad y libertad perdono a: (nombre de la persona)

• "Perdono a: (nombre de la persona)

**13)** Si te resulta difícil hacerlo en voz alta, repítelo mentalmente, no obstante, tiene mucha más fuerza hacerlo en voz alta, para que resuene dentro de ti y lo interiorices más.

**14)** Si consideras que tienes algo por lo que disculparte con esa persona, hazlo, escríbelo: "Quiero disculparme con (nombre de la persona) por… (solo si tienes que disculparte)

**15)** Para concluir, escribe lo que has aprendido haciendo este ejercicio. Medita qué hubieras podido hacer tú para que te hubieras podido llevar mejor con esa persona.

Haciendo esto, es posible que puedas aprender algo nuevo o conocerte a ti mismo un poco más.

**\* Adaptación de los 8 pasos para conseguir perdonar del libro: "La Ley del Espejo"**

*"No existe mayor satisfacción que mirar hacia atrás y darse cuenta de que uno ha crecido en autocontrol,*
*criterio, generosidad y acciones desinteresadas".*

**Ella Wheeler Wilcox**

*"Ni siquiera el mejor explorador del mundo hace viajes tan largos como aquel hombre que desciende a las profundidades de su corazón".*

**Julien Green**

# "La Economía de Caricias"

Claude Steiner

Alex Rovira, el famoso escritor y Conferenciante, autor del libro "La Buena Suerte", editada en 42 idiomas, tiene un vídeo maravilloso en YouTube en el que habla acerca de este término: la economía de caricias.

*En dicho vídeo cita a William Faulkner, el cual dice:*

*"Entre el dolor y la nada, prefiero el dolor"*

La teoría de la Economía de Caricias habla de que los seres humanos para desarrollarnos necesitamos, además del oxígeno y los alimentos, caricias. Caricias en el sentido amplio de la palabra, una mirada, una sonrisa, una crítica constructiva, una palabra, un contacto con otro ser humano.

También menciona Alex Rovira en el vídeo, la frase del escritor Oscar Wilde:

*"El egoísmo verdaderamente inteligente consiste en procurar que los demás estén muy bien para poder tú estar algo mejor"*

#  "Feedback 6 / 1"

Un buen día preparando una Sesión de Formación sobre la importancia del Feedback, me encontré con una Teoría que de inmediato atrajo mi atención.

Me he atrevido a bautizarla como Feedback 6/1, se basa en los trabajos del Psicólogo chileno **Marcial Losada**, consultor y ex director del Centro de Investigación Avanzada (CFAR) en Ann Arbor, Michigan.

Losada llevó a cabo un estudio científico en la citada Universidad para analizar qué caracterizaba a los Equipos de Alto Desempeño, como todas las teorías tiene sus seguidores y detractores.

La comparto contigo porque la he llevado a cabo gestionando Equipos Comerciales y ha resultado exitosa tanto para la consecución de objetivos como

en potenciar la motivación y el reconocimiento de dichos comerciales.

Losada habla de la **tasa de Positividad** y la **tasa de Negatividad**. El retorno negativo indica que algo se está haciendo mal y por tanto hay que corregirlo. Por el contrario, el retorno positivo destaca una conducta positiva o un trabajo bien hecho.

Si lo relacionamos con la **Técnica de las 3R** que vimos anteriormente, este retorno positivo hace que la conducta o acción se repita y mantenga en el tiempo, por tanto, que se consolide dicha excelencia.

*El Retorno negativo es como un* **STOP** *en el camino, hay que dejar de hacer y corregir o sustituir el hábito, la conducta o la manera de hacer.*

Losada estableció una medición entre la proporción de retornos positivos y los negativos, que generamos, **índice P/N**. Su trabajo evidenció que:

- Los **Equipos de Alto Rendimiento** tenían un índice claramente favorable a los retornos positivos, con una **proporción media de 6/1.**

- En los **Equipos de Rendimiento Medio**, dos de cada tres retornos son positivos, **2/3.**

- Y en los Equipos de **Bajo Rendimiento**, la proporción se sitúa en **1/3,** (tres retornos negativos por cada retorno negativo)

- Llegó a establecer el **límite**, conocido a partir de ahí como **Ratio Losada**, (tres retornos positivos por cada retorno negativo) **3/1**.

A modo de síntesis, **Losada** había llegado a la conclusión de que si los retornos positivos versus los negativos que recibe un equipo está en la proporción 3/1. Dicho Feedback corrige, pero no motiva al equipo o personas.

**Corrige, pero no motiva,** por tanto, no se sostiene en el tiempo y la tendencia es a disminuir su desempeño.

En cambio, en los Equipos de Alto Desempeño la proporción es, de media, de **6 retornos positivos por cada uno negativo.** De ahí nace la expresión que se me

ocurrió "Feedback 6/1. La característica de éste es que corrige y, sobre todo,
a la vez, motiva a la persona.

En mi trabajo directo con los equipos comerciales, he podido constatar que las personas se sorprenden cuando son llamadas por sus responsables a una reunión o Coaching, en el que en vez de ser corregidos son reconocidos.

La consecuencia directa era que el colaborador salía feliz de la reunión y lo contaba a otros integrantes del equipo, los cuales, esperaban ansiosos que llegara su momento de gloria.

Es importante no caer en la autocomplacencia o halagar interesadamente, se trata de entrenarnos (porque no estamos acostumbrados, yo el primero) en tener una **mirada o escucha positiva.**

¿Qué me gustaría destacar de esta persona?

¿Qué me ha gustado más del trabajo que ha realizado?

En vez de, cual censor, acudir inmediatamente a todo aquello que no nos gusta, haríamos de otra manera o a "nuestra manera".

Insisto, no es fácil, hemos de entrenarnos, es un excelente ejercicio de **Autocontrol Emocional.**

Como mi sentido del humor pasea constantemente, era muy divertido decirle a una persona: "Te he pillado" ... (sus caras eran dignas de ver, pensando para sí mismos o verbalizándolo "Qué he hecho mal") Y, casi sin dejarles terminar les repetía:

**"Te he pillado...
haciéndolo bien"**

Las expresiones cambiaban y una sonrisa mutua iluminaba la reunión.

*"La excelencia no puede permanecer invisible"*

Se trata de forjar una mirada positiva, como veremos más adelante.

# Ejercicio 16: ¡Te Pillé!

Aquellos que somos padres hacemos, generalmente, más hincapié en el desorden de una habitación que en una acción destacable de nuestros hijos.

Quienes lideran equipos, en ocasiones, suelen reparar más en aquello que no se hace bien que en lo positivo de la situación.

Incluso en la relación con nosotros mismos solemos dirigir nuestra mirada mucho más hacia nuestras carencias que hacia nuestras virtudes.

**Tiempo:** de 5 a 10 minutos.

**Instrucciones:**

• Elige un día cualquiera y dedícate a "Pillar a tu hijo... haciéndolo bien"

• Exprésalo así: ¡Te pillé!... haz una breve pausa, observa su cara (si es adolescente será más expresiva, seguro... jejeje) y cierra la frase con aquello que quieras destacar. Ejemplo: ¡Te pillé... has arreglado tu armario de maravilla!

• Tras la sonrisa de nuestro hijo, lo mejor es darle un gran beso o abrazo.

**Objetivos:**

• Entrenar nuestra mirada o escucha positiva.

• Mejorar las relaciones.

• Sorprender.

• Aprender a ver lo positivo que hay en cada situación o lo destacable que hay en nosotros mismos u otras personas.

**Sugerencia:**

• También se puede hacer con nuestra pareja.

• En las relaciones estables acostumbramos a volvernos muy previsibles, casi sabiendo de antemano lo que uno u otro se van a decir en cada momento.

 # "La Mirada Positiva"

Todos hacemos algo positivo cada día, afirmo rotundamente que **"Las personas somos maravillosas"**. En mis 17 años impartiendo Cursos, Talleres y Conferencias solo he encontrado personas maravillosas.

**¿Sabes por qué?**

**Porque siempre es lo que espero encontrar y siempre miro con esos ojos y es lo que ellos, al final, me transmiten.**

Al inicio de mis sesiones siempre suelo preguntar a mis alumnos cuáles son sus expectativas y también que piensen en una barrera que impida conseguir ese objetivo (suelo influir para que esa barrera que me digan sea interna). Lo llevo a cabo con tarjetas o pegatinas en un tablón, pizarra o mural. Recuerdo que en cierta ocasión uno de los participantes escribió: **"No espero nada"**

Yo seguí a lo mío, con toda mi pasión y entusiasmo al hacer lo que me gusta, que es formar y trabajar con las personas.

Minutos antes de que finalice el curso me gusta que acudan a sus tarjetas con las barreras que plantearon, para que compartan con el resto de participantes qué solución o técnica han encontrado en el curso, que implementarán para salvar ese obstáculo o carencia.

Para mí es una forma de conocer qué se han llevado de mi curso, mi objetivo es que les sea útil, práctico.

Generalmente las tarjetas de las expectativas se quedan pegadas en el mural.

Finalizó la sesión y todos los alumnos se fueron despidiendo de mí, salvo el participante que no "esperaba nada" que se quedó el último a solas conmigo. Sin mediar palabra se fue hacia su tarjeta, tomó un bolígrafo y tachó con una cruz su frase **"no espero nada"**

Me dio las gracias, me dijo que le había encantado y se despidió cálidamente.

**Esa tarjeta aún la conservo**, siempre la llevo conmigo en cada Formación o Conferencia que imparto y me emociono al recordarlo, también ahora al escribirlo y compartirlo contigo. Es, sin duda, uno de los momentos más mágicos que he vivido en mi carrera.

# ¡Siempre espero encontrar

# personas maravillosas!

Acostumbro a pensar que trabajar con las fortalezas de las personas, con sus virtudes, con aquello en lo que alguien es bueno, es mucho más productivo que centrarse en las carencias o los déficits.

A mi modo de ver, estas fortalezas se convierten en el vehículo para alcanzar los objetivos. Dicho de otro modo, hay muchas organizaciones que saben en qué fallan o qué les falta, pero no saben reconocer en qué son buenos, qué les hace diferentes. Y es fundamental saberlo, para… REPETIRLO y exportarlo, si es menester.

Y sucede lo mismo con las personas, Kent Robinson, en su conocido libro "El Elemento" habla de que cuando una persona descubre su pasión, aquello con lo que disfruta y fluye, su vida cambia de manera radical.

Quizás, hoy más que nunca, gracias al Universo de Internet, tenemos ejemplos de personas que un buen día abandonaron un trabajo que les aburría y en el que no se sentían realizados, para dedicarse a Emprender aprovechando las posibilidades Digitales y dedicándose a aquello que más les apasiona.

Algunos escribiendo un blog sobre una afición, e incluso otros viajando por todo el mundo y narrando sus experiencias, otros escribiendo un Libro, dictando Conferencias, etc., Y, en muchos casos consiguiendo altos ingresos por ello.

Estas personas, en algún momento de sus vidas eligieron ser los jefes de su destino.

# "La Carta de Nancy"

Un buen día un joven mozalbete llegó a su casa con una carta que le habían entregado en el colegio, con la consigna de que sin abrirla se la tenía que entregar a su madre. Cuando llegó del colegio hizo lo que le encomendó el profesor, entregó la carta a su madre, intacta, y ésta comenzó a leerla en voz alta.

Ya, desde el inicio, la madre comenzó a leer emocionada:

*"Su hijo es un genio, esta escuela es muy pequeña para él y no tenemos maestros que estén a su altura, por favor, encárguese usted"*

Años después Nancy falleció y el hijo encontró entre sus pertenencias dicha carta, la tomó en sus manos y nervioso comenzó a leerla. La carta decía:

*"Su hijo está mentalmente enfermo y no podemos permitirle más que venga a la escuela"*

El hijo, llorando, tomó su diario personal y escribió:

"Yo, **Thomas Alva Edison** fui un niño mentalmente enfermo, pero gracias a una madre maravillosa y heroica pude convertirme en el genio del Siglo"

**Trata a una persona como es y será lo que es, trátala como puede llegar a ser y lo será.**

**"La Profecía Autocumplida"**

También conocida como el **Efecto Pigmalión.**

# ESTO ES UN

# "¡HASTA PRONTO!"

**Recuerda: ¡TÚ eres el GERENTE de TU VIDA!**

*"El liderazgo personal es el reencuentro
del individuo consigo mismo y con los
demás, para poder crecer
juntos"*

David Blanco

**Querido lector, gracias por haber llegado hasta aquí.** Espero que este libro te aporte experiencias y sensaciones que puedas incluir en tu vida a partir de ahora.

**Para mí ha sido un viaje fascinante**, de hecho, te confieso algo: hubo un momento en el que el libro empezó a escribir por mí, un instante en el que conseguí conectar, a través del recuerdo, con las necesidades y anhelos de muchos de los participantes que han pasado por mis cursos, conferencias y formaciones en todos estos años.

# GRACIAS.

# GRACIAS.

# GRACIAS

**PD:** *hay algo que no te he contado hasta ahora, en todas mis formaciones utilizo unos sombreros de colores que pongo tanto en mi cabeza como en la de mis participantes, los cuales me ayudan a transmitir mis mensajes de un modo más visual.*

*Para no dejarte con la intriga quiero hacerte un*

**REGALO**

## ¿Puedo pedirte antes un favor?

Si te ha gustado el libro, ¿puedes dejarme un comentario en **AMAZON**?

Mi propósito de vida es ayudar e inspirar a las personas para que desarrollen su **Liderazgo Personal**, gestionen mejor sus **Emociones** y consigan alcanzar sus **objetivos** y una existencia más plena.

Si quieres ayudarme con mi misión, solo tienes que acceder a la página de Amazon de tu país, buscar mi libro y dejar tu opinión junto con el número de estrellas que consideres más oportuno.

Si crees que este libro te ha aportado cosas valiosas, con tu comentario en **AMAZON** pondrás tu propia semilla para ayudar a muchas más personas en todo el mundo.

**¡GRACIAS POR TU GENEROSIDAD!**

# ¡TU REGALO!

Quiero regalarte un **Vídeo en exclusiva** (26 minutos): http://bit.ly/2Ec4HPb

**Con el que:**

Aprenderás a tomar mejores decisiones, gracias a las **6 Perspectivas Eficaces** para **PENSAR.**

Extraído del Pre-Lanzamiento en **MAYO** de mi **Vídeo Curso** de 6 horas, repartido en 10 módulos:

**¡LIDERAZGO PERSONAL**
**¡PARA EMPRENDEDORES!**

## ¿DÓNDE ME PUEDES ENCONTRAR?

Te invito a que me sigas en mis Redes Sociales:

**Facebook:** http://bit.ly/2pUPYUN

**Twitter:** http://bit.ly/2GsXqAw

**LinkedIn:** http://bit.ly/2FIFUbg

**Mi blog:** sermijefe.es

**Asesoría personal:** http://bit.ly/2wg4EU6

Para cualquier comentario o sugerencia puedes escribirme a:

davidblanco@sermijefe.es

# GRACIAS.
# GRACIAS.
# GRACIAS.

**TUS ANOTACIONES O IDEAS:**

**ACCIONES QUE VAS A APLICAR A PARTIR DE HOY MISMO:**

## PIENSA EN 3 PERSONAS A LAS QUE VAS A RECONOCERLE ALGO POSITIVO

(en esta misma semana)

# DESCRIBE CON DOS PALABRAS CÓMO SE SINTIERON CADA UNA DE ESAS TRES PERSONAS RECONOCIDAS POR TI:

# ¡HASTA PRONTO!

www.ingramcontent.com/pod-product-compliance
Lightning Source LLC
Chambersburg PA
CBHW071258220526
45468CB00001B/177